How To Be Really Productive

高效工作 从容生活

[英] 格蕾丝·马歇尔（Grace Marshall） 著

任沁清　译

CS K 湖南科学技术出版社

图书在版编目（CIP）数据

高效工作 从容生活 /（英）格蕾丝·马歇尔（Grace Marshall）著；任沁清译. —
长沙：湖南科学技术出版社，2022.1
ISBN 978-7-5710-0751-5

Ⅰ. ①高… Ⅱ. ①格… ②任… Ⅲ. ①工作－效率－通俗读物 Ⅳ. ①C935-49

中国版本图书馆 CIP 数据核字 (2020) 第 176463 号

著作权合同登记号：18-2020-055

GAOXIAO GONGZUO CONGRONG SHENGHUO
高效工作 从容生活
著　　者：[英]格蕾丝·马歇尔
译　　者：任沁清
出 版 人：潘晓山
策　　划：刘丽梅
责任编辑：李　柔
出版发行：湖南科学技术出版社
社　　址：长沙市湘雅路 276 号
　　　　　http://www.hnstp.com
湖南科学技术出版社天猫旗舰店网址：
　　　　　http://hnkjcbs.tmall.com
印　　刷：长沙超峰印刷有限公司
　　　　　（印装质量问题请直接与本厂联系）
厂　　址：宁乡市金洲新区泉州北路 100 号
邮　　编：410600
版　　次：2022 年 1 月第 1 版
印　　次：2022 年 1 月第 1 次印刷
开　　本：889mm×1194mm　1/32
印　　张：10.25
字　　数：205 千字
书　　号：ISBN 978-7-5710-0751-5
定　　价：59.00 元
（版权所有·翻印必究）

推荐语

"我整天忙于应对不同的人、截止日期、项目和任务，总是觉得精疲力竭。读了这本书，我恍然大悟。简单、实用的技巧就能帮你改变思维，解决忙碌。有了这本书，你不会再累得半死，而能做到真正高效。"

——詹妮·富林托夫特（Jenny Flintoft），商业及领导力顾问，团队指导师，演讲家

"我读了不少关于提升效率的书，但格蕾丝的书是我最推荐的。这本书为我们如何在这个日益繁忙的世界里保持高效提供了实用的指南。它通过真实的案例让大家深有感触，不论是效率不佳的新手，还是像我这样的资深效率极客。"

——理查德·特布（Richard Tubb），IT 商业专家

"如果你曾想过，生活和工作为何总是匆匆而逝，你应该读读这本书。格蕾丝带你探索如何过上更加充实的生活，

帮你理顺艰难的抉择，达到真正的高效。"

——佛卡·柯伊斯特卡（Fokke Kooistra），效率忍者，《高效》杂志编辑

"格蕾丝的话言简意赅——她说到了我的心坎里，让我平静下来，帮我变得真正高效。快去买这本书吧，别忘了边看边做笔记！"

——阿曼达·亚历山大（Amanda Alexander PCC），人才培养教练，地区总监，"杰出女性"

"简单易懂，有很多宝贵的建议，我可以立即用上，生活马上更有动力，更有掌控感。"

——苏西·孔（Susie Kong），航班项目经理

"你是否想过有人可以将有关高效的所有伟大智慧完美总结到一本书里？我就想过。现在看到格蕾丝真的写出了这样一本书，我真是太高兴了。这本书既总结了像'猴子陷阱'和'优势'之类的著名的道理，又引用了最新的研究，如 TED 演讲和其他很多资料，格蕾丝真是把所有关于高效的知识全部写进了这本书。它还有很多实用指南，有帮助你反思的问题和互动，有助于我们更好地思考；它为我们指明了前路，让我们看到光辉的未来。"

——海伦·福瑞文（Helen Frewin），图腾咨询人力资源主管

"格蕾丝的方法都非常实用，一用就能看到成效。"

——约翰·威廉姆斯（John Williams），《Screw Work，Let's Play》作者

"效率管理的实用指南——带你快速浏览理论，给你讲故事，给你好点子，并且引人深思，让你找到自己的工作生活节奏。"

——玛瑞地·民托（Mairead Minto），人力资源经理

"很多时间管理和效率的书都让你觉得：说得对，但这是给那些有条理的人看的。这本书不一样：格蕾丝能帮你看清阻碍你前行的是什么，告诉你明智、实用的办法，让你不用抓狂、扫清障碍、找到时间做事，而且不用扭曲你的本性。这本书人人都能用上！"

——玛瑞安·卡特维尔（Marianne Catwell），《Be a Free Range Human》作者

"格蕾丝洞悉了高效的含义。高效就是过快乐的生活，过你想要的生活。如果你喜欢她在《高效》杂志上的文章，那么你一定要买这本书，它会让你的生活从此不同。"

——迈克尔·斯利文斯基（Michael Sliwinski），Nozbe公司 CEO 及创始人，《高效》杂志主编

"投资高效自我，才是真正把时间用在刀刃上！本书有很多实用的建议，还有简单而有意义的操作和反思的机会。看完之后，你关于时间和效率的思维方式肯定会有所不同。"

——克莉丝汀·普瑞斯纳（Kristen Pressner），女性领导力国际演讲家，国际 HR 主管

致谢

　　大家都说，抚养一个孩子需要全村人的共同努力，而这本书就像我的一个孩子，也凝聚了大家的心血。这本书汇聚了太多人的观点，有太多人帮助了我，我根本数不过来。但是即便如此，我也要对他们表示深深的谢意。

　　感谢 Think Productive 公司的格雷厄姆·阿尔科特（Graham Allcott）和培生集团的史蒂夫·特姆贝尔特（Steve Temblett）给了我写这本书的灵感。

　　感谢阿曼达·亚历山大（Amanda Alexander）不断鼓励我，不断帮助我跟思维猴子做斗争，指导我走过写书、工作和平衡生活的这段极其繁忙的日子。希望我没有耽误你写自己的书！

　　琼·丹尼斯（June Dennis），詹妮·富林托夫特（Jenny Flintoft），凯蒂·贝特森（Katy Bateson），苏西·孔（Susie Kong），佛卡·柯伊斯特卡（Fokke Kooistra），理查德·特布（Richard Tubb），吉姆·黑瑟森（Jim Hetherton），卡罗琳·佛格森（Caroline Ferguson），赛安－依林弗林特－弗里尔

（Sian-Elin Flint-Freel），感谢你们的关心、帮助和建议，感谢你们百忙之中抽出时间读我的初稿，并帮我打磨最终稿。

我的客户、读者、朋友和同事们，你们的问题让我有了写这本书的灵感和经验，让我始终充满了动力。请大家继续多多提问！

露丝（Ruth），丽贝卡（Rebekah），伊娃（Eve），温蒂（Wendy），詹妮·M（Jenny M.）和詹妮·J（Jenny J.），感谢你们分享自己的想法和故事，没有你们就没有这本书。

罗布·爱奇尔（Rob Archer），佩妮·彭伦（Penny Pullen），伊娃琳娜·林德尔（Eveliina Lindell），詹妮·H.K（Jennie H.K），玛瑞安·卡特维尔（Marianne Catwell），乔西·乔治（Josie George），杰考布·玛哈尔（Jacob Mahal）和其他效率忍者们——感谢你们跟我深入交流。希望继续跟你们保持交流！

其实作家的生活跟你们想得差不多——吃蛋糕、喝茶、喝咖啡，然后文曲星上身了——这都要感谢我们当地咖啡馆的美食！

格兰特（Grante），奥利弗（Oliver），凯瑟琳（Catherine），你们永远是我奋斗的动力，谢谢你们总是伴我前行，风雨无阻。

目　录

第一章

高效，不仅仅是"做完"

耗费时间和利用时间的区别何在？高效创造和勉强完成的区别何在？完成一件事固然给人成就感，有时仅仅完成就已经值得褒奖。但从长远来看，只做到这样是不够的。

高效的一天并不只是在待办事项上一一打勾。高效的一天令人满足，有成就感、意义感和进步感，知道自己所做的事是有价值的。高效是一日伊始，我们就开始期待做到最好，并且享受过程；高效是回到家中，感到心满意足，开始享受工作之外的生活。高效的一天关乎成就，也关乎过程；关乎工作，也关乎我们工作中的生活质量。

在书中，我们会探索高效工作的障碍——混乱、嘈杂、拖延、打扰、不切实际的截止日期、不靠谱的老板，等等。不过，在我们深入讨论细节之前，我希望你先挑战一下，跳出"为了生存和简单地做完事情"这种思维模式。如果你能在工作中焕发生机，做到最好，享受工作，并且能保持工作和生活的平衡，那该是怎样一幅图景？

真正的高效，是在这个工作永远做不完的世界中感到满足。兴致勃勃，不知疲倦；拥抱机会，又不过度工作；在任何情况下都做到最好，而且持之以恒。高效的人充满激情、拥有目标，不会累垮；可以工作、休息、娱乐，不会愧疚。他们玩得尽兴但不会失控，平静无事的时候也不会无聊。

我们该怎样达到这种状态？这就需要从意义、目标和快乐谈起。

意义

我的工作是否重要？更重要的是，它对我是否有价值？

我们都需要知道我们工作的意义。谁都不希望自己是只蒙着眼睛拉磨的驴子，天天干着没有意义的活。之前，我有一个朋友在一家科技公司的研发实验室工作，工作环境很好，薪水很高，团队里的人都是知心好友。

但是因为管理层的决定，他们的项目成果被束之高阁，他们的创意从来没能走上市场，努力全都付诸东流了。虽然薪水、工作、团队和环境都不错，却弥补不了工作毫无意义的缺陷。

我们还需要知道工作对我们自身的意义。做我们"应该"做的事或者他人认为成功的事是不够的。只有当一件事情对我们有意义时，我们做的时候才会感觉有效率。而意义是非常主观的，对于每个人都不同。

我刚毕业的时候发现，工作中最令我高兴的事就是能帮上别人的忙，比如帮助同事解决电脑问题，虽然这跟我的工作完全没关系。能让别人的生活少一点困难，我就很高兴。我成功的标准变成了是否能让他人高兴，而不是我的工作做得有多好。而做决定简直成了我的噩梦，因为我基本上都需要去猜测别人的想法，自己根本做不了决定。这份工作很有价值，这份事业也很伟大，不过对于我来说没有意义，它没有抓住我的心并迫使我采取行动，因为它与我的价值观不符。

价值观

价值观决定了我们是谁，不是我们想成为谁，也不是我们自认为应该成为谁，而是此时此刻在生活中那个实实在在的我。这是我们身份认同的本质，它让我们对生活充满热情，是我们人生意义之所在。价值观就像我们的指南针，指引我们做真实的自己。当我们始终尊重自己的价值观，并以此为基础时，生活就是美好而充实的。当我们压抑、忽视或者违反自己的价值观时，生活就会变得毫无意义，令人沮丧，甚至啃噬灵魂。

　　我的核心价值观之一就是帮助他人。我意识到当我的价值观与工作以及工作环境不符合时，无论我多么擅长这项工作，我永远不会全力以赴。无论我工作多么努力，也无法做到我的最好，我永远不会对自己的工作感到真正的满意。

你的核心价值观是什么？

　　现在，想一想你的核心价值观有哪些。以下是我帮学员明确他们的核心价值观时会问他们的问题：

- 对你来说，什么是重要的？
- 你相信什么？
- 你的动力是什么？
- 你的生命中必不可少，或者失去一部分会让你痛不欲生的是什么？

　　回想你生命中的巅峰时刻，那些特别有意义或令人心酸的时刻，然后回答下面的问题：

- 发生了什么事？
- 你的身边有谁，发生了什么？
- 在那个时刻被尊崇的价值观是什么？

　　请花一点时间回忆一下自己感到不快、郁闷、生气或沮丧的时刻，然后回答下面的问题：

- 发生了什么？
- 你的感受如何？
- 你的哪些价值观受到侵犯或压制了？

你的三大主要价值观是什么？将它们按照顺序排列，然后给每一个打分（满分 10 分）：在生活中，你有多大程度遵循或表达了这些价值观？使用下面的评分表找出你的核心价值观。当你有其他想法，或者想重新审视、回顾你的核心价值观时，可以重新回来再看看这个表格。

我的核心价值观	分数
1.	
2.	
3.	

● 哪些事情进展顺利？你的工作、生活中的哪些部分与你的价值观相符？

● 哪些事情与你的价值观不符？有违背你核心价值观的事情吗？

● 你可以做出哪些改变？你如何让工作和生活更符合你的价值观？

目标

我们都明白有目标的感觉。当知道前行的方向，我们会坚定地迈向前方，会不惜跋山涉水，到达目的地。我们可能都有过这样的经历，比如送孩子到医院看病，哄孩子睡觉，等等；或者有麻烦需要处理，或者面临最后期限，这些都让我们处于一种"时不我待"的紧迫感中。

目标给了我们追求的方向，给了我们前进的动力。但是，让我们充满激情、对目前的事业感到极度满足的，认为它有意义的，不是当下的危机，不是留住客户或保住饭碗，也不是付清账单和维持生计，而是更为长久的目标感。

西蒙・西奈克（Simon Sinek）在有史以来最受欢迎的TED演讲之一中谈到，一切都始于这个问题："为什么?"。伟大的领袖激励大家行动的秘密就是"为什么"：为什么25万人齐聚在马丁・路德・金博士"我有一个梦想"的演讲现场？为什么苹果手机刚上市时，人们会花六小时排队去购买？为什么莱特兄弟第一个成功发明飞机，而那些资历更老、资金更充足的团队却失败了？因为他们都相信自己在做的事情。他们为自己坚信的梦想而奋斗，而不是为了拿工资，为了得到别人的认可，或者为了义务而工作。

你目前的工作目标感有多强？你为什么从事这个行业？你的公司为什么存在？你有多相信公司的使命？除了工作、头衔或义务之外，你的人生目标是什么？你是否清楚为什么要做现在的工作？

我们的内心、人格（价值观、信仰、身份）与外在的、正在为之努力的大目标（天职、使命、动力）联系得越紧密，目标感就越强。西蒙・西奈克称之为"由内而外的交流"——当开始思考"为什么"时，我们直接与自己的大脑边缘系统——蜥蜴脑对话，也就是决策最强的区域（详情请见下文），而不是与我们理性、逻辑的大脑对话，因为它只会告诉我们应该做什么。这就是为什么我们会情不自禁地想做某些事，而另一些事却要花费精力、说服自己去做。当我们从"为什么"开始时，我们才能找到"做什么"和"怎么做"。

目标感会给予我们方向，帮助我们区分活动和行动，从仅仅完成工作到真正取得进步。目标感会给予我们动力，这就解释了为什么有些人会拖着疲惫的身体去上班，而另一些人却恋恋不舍地离开办公室（还要记得吃饭睡觉）。

目标感给予我们坚定的信心走出自己的舒适区，给予我们摔倒了再爬起来的勇气，以及挺过困难时期的毅力——因为我们知道自己做的事情有着更大的意义。目标感能让我们做到最好，从而在工作中汲取最大的满足感。

你现在是否充满了目标感？

快乐

没有快乐的工作是什么？是空洞的苦力，永不止息的劳作。没有快乐，工作会让人筋疲力尽——不断地伸出手去，却永远两手空空。做了多少工作成了衡量我们人生价值的标准。成就的回报变成了一种短暂的满足感，随之而来的是"接下来还要做什么？"。

我相信，作为人，我们注定要从工作中获取乐趣——看到自己的劳动开花结果、发挥作用，感到心满意足。当一天工作结束时，身体自然劳累，精神上却有一种难以置信的满足感，这种感觉真是妙极了。

这种状态就像是运动过后，虽然大汗淋漓，但是你比以前更有活力；是工作于自己有益，同时你也取得了很好的成果；是在工作中感到快乐，工作完成之后也能尽享劳动果实，尽情放松休息。

庆祝成功

我们需要关注成长。研究显示，我们的积极经历其实是消极经历的三倍，但是有两种倾向会阻止我们充分、长久地感受快乐：消极偏见——我们会理所当然地更关注消极经历，并赋予它们更大的权重；以及习惯——当事物变得越来越熟悉时，我们便不再感到惊喜、着迷了。

一种应对的方式是有意识地关注积极经历，通过记录、捕捉和分享的方式常常回味和重温积极经历。

庆祝每件好事：不只放在自己心里，也要告诉关心你的人。

研究发现：

"讨论积极经历有助于增强幸福感，提升整体生活满意度，甚至增加更多的能量……分享快乐能让快乐加倍。告诉别人我们的快乐，比自己悄悄记住或者写下更有益。"

快乐是会传染的，也会让我们周围的人更幸福。正如诺贝尔奖得主阿尔伯特·史怀哲（Albert Schweitzer）所言：

"幸福是唯一一种分享后会加倍的东西。"

这是庆祝成功的几种简单方式，你可以尝试：

• 每天记日记，写下"感恩清单"或者"快乐清单"。

• 与教练、导师或朋友分享你每日、每周或每月的成功。

• 以"你的好消息是什么？"开始每次团队会议（或者让它成为你餐桌交流的一部分）。

• 在办公室挂上"庆祝板"。

• 在邮箱中设立"庆祝时刻"的文件夹，保存正面评价、好的反馈以及感谢信。

• 使用诸如 idonethis.com 网站服务记录每天的小成功。

成功地生活

你如何定义成功：通过结果，还是行动？结果是很容易定义的：完成一个项目，争取到一个新客户，签下一笔订单，在银行存下一笔钱，装好一个系统，达成一个目标，卖出一件产品。这也可以成为很好的动力：你知道自己的努力但是当你采取行动，努力达成目标时，可能也会起到负面作用：你打了一个又一个电话，写了一封又一封邮件，发邀请，发博客，提交提案，但这些都没有任何结果，至少目前没有。

你为达成目标而采取的这些行动是必须的。但是，如果成功只是结果上的成功，你的努力在取得结果之前将毫无意义。你的动力全在于达成目标，否则所有努力就是白费功夫。

只注重结果的问题在于，除非你取得成功，否则你就是失败者。而当你真的取得成果时，成功也是转瞬即逝的，然后你又要争取下一个客户、下一笔订单，又开始追逐新的成功，渴望知道自己这次的努力能否"落到实处"。

但是问题在于，感觉像个失败者对于我们获得成功也没有什么好处。它会让我们花费更多的时间和精力犹犹豫豫、举棋不定，在自我怀疑中绕圈子，质疑自己的能力；会诱使我们花费数小时、数天甚至数周的时间研究和痴迷于竞争，把时间和精力都花在研究他们的一举一动上，而不是我们自身。

这会让我们急切地想拿到订单，但众所周知，急不可耐的人是没有吸引力的，这跟约会是一个道理。它让我们把注意力都放在他人的行为上，而不是我们所做的——我们关注观众的一颦一笑，而不是自己传达信息的方式；关注客户的反应是肯定还是否定，而不是我们的对话、我们建立的关系，以及我们的工作能否让他们有理由点头。

这让我们丧失了快乐。

有时，我发现自己过于关注结果。虽然事情进展得很顺利，我有很多开心的理由，但我发现自己在结果之间的间歇期会感觉很压抑，倒也谈不上很可怕或者很糟糕，只是有点沉默。想想我在一天中所做的一切，算起来的确很高效，但是因为我没有在结果上取得进展，所以总感到美中不足甚至没有效率。

一天晚上，在某次"间歇期"中，我跟一群很熟的朋友在一起，练习写下对彼此的看法。我们轮流看到了别人写下的关于每个人的个性、特点以及鼓励的话语。我的那张清单上第一排写着"播种者、激励者、黑暗中的明灯"。这让我恍然大悟：播种、激励别人、成为一盏明灯。这就是我所做的，这才应该是我衡量成功的标准，而我那天已经全部完成了。

成功不是你所拥有的东西，而是你所做的事。你是如何成功的？

当我日复一日地把事情做好时，结果自然会水到渠成。（事实上，我第一次写这篇文章时，刚好在帖子发布之前就收到了一个好消息——真是太巧了！）而且，当我专注于做这些事时，我的每一天都很充实。我觉得自己丝毫没有浪费时间，我觉得自己很成功。

当然，结果很重要，设定目标是很有用的。但是，当我们只将成功与结果挂钩时，成功就成了一个目的地，一个目标或渴望的东西，一个我们想要却没有的东西。当我们用行动来定义成功，成功便成了一段旅程，而不是一个目的地。这种成功，变成了一种我们可以不断去增长和创造的东西。每一天，我们都在途中；每一天，我们都活在成功当中。我相信这会让人动力十足，干劲满满，乐意行动，也关注结果。

挖沟

有时，我们的工作看起来并不成功。作为一个总是倡导庆祝成功的人，这听起来也许有点奇怪：生活并非总是充满成功和亮点，想法不会总是火爆，产品上市不会总是卖到脱销，结果也并非总是皆大欢喜。

这是我们所听到的，也是我们在伟大的榜样和行业领袖身上所看到的。当有人问我"生意如何?"时，我总会想到报喜不报忧——说出自己的成功、成绩和顺心事，而对失败、不顺利的事和我正在努力解决的问题避而不谈。

一段时间前，我在推特上发表如下推文，获得了大量转发，想必大家很有共鸣：

　　"我们总是焦虑不安，原因可能在于，我们总是拿自己的幕后去与别人的台前比。"

　　这是史蒂文·弗提克（Steven Furtick）的名言，我在一次大会上听完他的领导力演讲后深受鼓舞。他讲了一个关于挖沟的圣经故事，说的是以东王、以色列王和犹大王指挥了一场征服摩押人的战役，他们发现自己到达的是一片干涸贫瘠的土地，无法为军队供水。即使天上没有一片云彩，先知以利沙还是让他们去挖沟，告知雨水随后就会浇灌大地。他们挖了，然后确实下雨了。但是，挖沟并不会让天上下雨——无论如何，上帝都会送水来——挖沟只是准备，当雨来时，一切都已准备就绪。

　　有时我们也好像被困在了那片干涸贫瘠的土地上，无论怎么努力都没有下雨的迹象。那些时候，我们会怀疑自己的梦想，想要放弃，另寻他路，想找到一个至少有草的地方，连草的多少都不挑拣了。而这种时候，我们恰恰需要挖沟。

　　挖沟意味着相信自己的梦想并为之努力，即使现在看不到成功的迹象或没有确定性。实际上，预测和愿景的区别就是，预测仅限于你眼前能看到的东西，而愿景能超越视野，相信一切皆有可能。

　　其实，预测也无法带给你确定性，只是依靠预测做出反应让人感觉更安全，因为追求愿景（此刻）只有你心里才能看到。这要有大胆的信念，就像弗提克所说：

愿景和白日梦的区别在于大胆的行动，以及开始行动的信念。"

你是按照愿景行动，还是仅仅按照预测行动？

挖沟意味着你现在努力为将来的机会做好准备，而不是等待信号或追逐彩虹。它超越了灵感降临的一刻，灵感像浮萍一样，随时会飘走。挖沟是脚踏实地地行动，朝着这个愿景努力，为见证成功做准备；是不知道结果最终如何，但是仍然努力，为它做准备。

挖沟看起来不太成功。它看上去毫无意义，甚至可笑，特别是当你看不到下雨的迹象时。有时，我们正在努力做的事情看上去并不成功或富有成效。挖沟并不是什么吸引人的事，有时它只是干巴巴的苦力活。但是，正是这种苦力活让你做好了准备，得到了锻炼，提升了能力，让你能够在机会降临时抓住它、把握它并利用它，在下雨的时候收获祝福。

还记得诺亚吗？诺亚造方舟时，看上去也很荒唐，但是暴雨来袭时，它就派上了很大的用场。只有事后回过头来看，挖沟的意义才会显而易见。

挖沟意味着你专注于幕后的工作，而不是只顾盯着别人在聚光灯下的光鲜。这就是我说的"这不是成功的全部"。我们的努力，在成功之前，在结果确定之前，都是有意义的。我们在幕后的功夫，才成就了我们在台前的表现。这就是真正的工作，以及真正的效率的意义：挖沟时认真挖沟，

15

成功时好好庆祝。

愿景

你如何保持目标感——从宏伟的人生目标到每一天的小目标？我发现帕特里克·兰西奥尼（Patrick Lencioni）提出的以下六个关键问题十分有帮助。虽然他主要关注的是大型组织，但我认为这些问题对于小企业和个人也十分有用，能够帮助他们看清楚目标和愿景。对于我们这些从个人角度看问题的人来说，也会带来一些改变。

1. 我们为什么存在？为什么工作？我的核心目标是什么？

我的会计师可能会说，创业的目的是赚钱（他是个老派的人，上帝保佑他）。我不同意。我们的核心目标应该是：让我们有动力起床，让我们内心充盈，让我们在起起伏伏中始终如一，让我们在朝着目标努力时感到巨大的满足。

对于我认识的、共事过的、指导过的很多人来说，这样东西并不是钱。没错，钱对于经营一家健康的企业来说至关重要，但是除了钱之外，还有一个更深层次的"为什么"。我的主要目标，在最基本的层面上是为了帮助别人。赚钱能让我不断地帮助别人，扩大生意，从而帮助更多的人。这只是一个简单的视角调整，却能让我全心全意地追求我的事业。

有时，我们的"为什么"与所做的事情无关。兰西奥尼举过一个简单的例子，一家铺路公司意识到它的核心目标根本不是铺车道，而是为他们的社区提供就业机会。实际上，如果铺路产业不行了，他们可能会去盖屋顶或者做别的。这就是他们成功经营公司的动力，把工作做好并获得报酬。

对于我的朋友沙朗来说，她的目标是支持、帮助她的儿子成为一名职业网球选手。对她而言，商业机会只是让她能弹性工作、达成目标的一种手段。

当我们清楚自己的核心目标，并忠于我们所做工作的根本原因时，就会有动力、方向、斗志和满足感。你的"为什么"是什么呢？

2. 我们该如何行动？我的价值观是什么，我该如何实现它们？

帕特里克·兰西奥尼将核心价值观描述为：即使受到惩罚你也要做的事，违背它就像出卖自己的灵魂。他举了西南航空公司（Southwest Airlines）的例子，当一位顾客抱怨安全须知中的玩笑太多时，西南航空就表现出他们爱开玩笑的精神价值。他们没有道歉，也没有缓和一下气氛，更没有保证以后会更严肃，而是用几个字回复这位顾客："我们会想你的！"。

我的核心价值观之一是慷慨。这意味着我会在博客上、在演讲和远程研讨会上、在谈话中免费提供很多信息。有时，有些人只拿免费的东西。没关系，因为我知道我还可以为我的客户提供更多东西，这也意味着我的合作能力比协商能力更强。

你要做你自己，不要为别人而活。当你知道是什么让你成为你自己，并在工作和创业中以自己的方式而活时，你便开始脱颖而出，你的产品也会更加与众不同。你会在工作中充满能量，工作方式也变得自然；你能找到立足点，而不是追逐每个可能的机会；你开始吸引那些重视你所在意的东西的客户，让你的工作更有价值且充满乐趣。

我的朋友丽贝卡是一名社交媒体顾问，她会通过活泼鲜艳的着装来展现她的创意观。她从不穿正装，这恰好吸引了那些有创意、有表现力的客户，她也喜欢与之合作——比如那些制作高级手提包的客户。

你的核心价值观是什么？在日常生活中它们是如何体现的？你如何在工作中实践这些价值观？

3. 我们该做什么？我该做什么？

你知道了你的"为什么"和"怎么办"，现在需要明确你的"做什么"，因为行动才是成事之关键。你实际上需要做什么？你的业务或工作性质是什么？这很简单，就是一种"说到做到"的承诺。

如果你只是想帮助别人，你准备如何帮助？你具体打算做什么？你的行动计划越清楚，你就越能在实践中集中精力。你能清晰准确地描述一下你想做的事，让你的未来客户、网友，甚至五岁的孩子都能听明白吗？

4. 我们怎样走向成功？我怎样走向成功？

这就是你的策略。成功的方法有很多，而策略就是选择你自己的方法。兰西奥尼建议用三个"战略定位"来指导日常决策，而不是把每个细节都安排好。

比如，西南航空公司的战略定位是"价格公道""创造狂热的忠诚客户""保证飞机准时起飞"。那么，他们会去投资最新的倾斜座椅或者花哨的飞机餐吗？实际上，这会抬高他们的成本，所以答案可能是否定的。

另一方面，我的朋友利兹经营着一家纸杯蛋糕公司，专门做定制、手工制作、好吃又新鲜的纸杯蛋糕。她会大规模生产蛋糕吗？不会。她会主动为结婚蛋糕设计一个与新娘花束相配的装饰物吗？她会为一个六岁孩子的生日蛋糕装饰一个像他自己的超人吗？当然会的。

我的战略定位之一是建立个人关系。所以，我是选择在杂志上登广告，还是选择为这些杂志写文章？我每次都会选择写文章。我是选择赞助一次活动，还是选择在活动上发言？我会选择发言，因为它给了我一次在更私人的层面上与人建立关系的机会。

当我们清楚自己的策略时，就能更容易区分真正的机会和干扰，决定什么是重要的，什么是不重要的。我们每天也将更容易做出决定，从堆积如山的事情中选择你真正关注的，并且能做得特别好的事情。你的战略定位是什么？

5. 此刻最重要的是什么？

当企业中有不同的团队执行不同的议程时，会带来混乱、沮丧和困惑，让团队丧失动力。当个体企业主同时追求几件不同的事物时，也会导致混乱、不知所措、困惑，而且常常像无头苍蝇一样团团转。

此刻，你可以做任何事，但不是所有事。那么，你要专注于做什么呢？什么事情能最好地实现你的核心目标？你会首先选择做什么？此刻最重要的是什么？

6. 谁必须做什么？我必须做什么？

在一个企业中，这说的是分工和责任。既然你有了目标、价值观、行动、策略、重点，那谁来做呢？每个人是否都很清楚他们的个人职责，是否知道目前的工作重点？

如果你是这项工作或者团队中唯一的人，那么这个问题很容易回答——我什么都做，什么都是重点。不过定义你的角色对你这个决策者和你委派的人都是有益的。有些事情是你必须做，而且只有你能做的，这是你事业的关键；你在工作规范上的基本要求，或是你商业计划中的大事件。有些则是理想的，无关紧要的，或锦上添花的。偶尔也会有一些突发事件，比如我的一个青年工人朋友，她看到女厕所里溢得到处是水，于是拿上拖把和水桶去打扫。那不是她的工作，但是她愿意去做。如果你的工作中只有你一个人，你可能会发现自己经常要做这种本来没打算做的事情，但如果你把全部时间都花在这上面，关键的事情就没人去做了。

这是一个关乎时间的问题，也是一个关乎团队的问题。无论你的工作是单枪匹马，还是有一个团队，问题都是：我大部分时间应该做什么？

牛刀小试

我的高效愿景

1. 我为什么要做现在的工作？我的核心目标是什么？

   ----

2. 我的价值观是什么？我如何践行这些价值观？

   ----

3. 我该做什么？我选择达成自己目标的方式是什么？

   ----

4. 我怎样取得成功？我的战略定位是什么？

   ----

5. 当下最重要的是什么？这个季度我的重点是什么？

   ----

6. 谁必须做什么？我必须做什么？我大多数时间应该用来做什么？

我对成功的定义

对我来说，成功的生活是：

....

我现在挖的沟包括：

....

我每天庆祝成功的方式是：

....

现在，你的方向已经明确，我们开始冲破混沌的迷雾吧！

第二章

从混乱到清晰

为什么混乱会扼杀效率？我们都明白这种感觉——混乱的时候，我们困在原地、不知所措、原地打转，或者呆若木鸡、愤怒、沮丧、困惑、迷茫一起袭来，我们似乎无法脱身。

有时候，这种混乱不太严重：

准备客户会议的时候，脑中总有个声音在唠唠叨叨。

在一堆纸中找报告找了好几分钟。

扫了一眼邮箱，不禁怀疑："我是不是有封邮件忘了回复？"

有几件棘手的事情需要跟人商量。

想到截止日期将近，有些恐慌。

这里有个未接电话，那里又晚了几分钟，晚上 11 点 53 分突然想起应该预约牙医，结果又一次忘了给妈妈打电话。

隐隐约约感到你已经看过待办清单上的这个事项了，它已经在那里停留了一段时间，有点释然又有点愧疚，然后又去办清单上更容易的事了。

有些时候，混乱让我们痛苦不已、身心俱疲，只想求得解脱：

所有的谈话、项目、截止日期全部堆到了一起。

连自己的名字都不记得了，也不记得该找的是谁的邮件。

头脑中几种不同的声音响个不停，屏幕上也闪烁不停，你的脑袋中还有个小声音不断地说："这个文件呢？晚上吃什么？"你简直到了崩溃的边缘。

总有出其不意的事情，你刚刚搞定一件，现在情况又变了。

有太多没解决的问题，不过你却找不到症结所在。

你的大脑已经停止运转，一问三不知。

你晚上难以入睡，因为你不断地在脑海中重现与税务局的对话，晚上也梦见你为错过两点钟的电话跟同事发短信道歉，后来在日记本中发现原来是一点钟的电话。

你害怕打开邮箱，这令你难以忍受，但是不查邮件，恐惧又让你在周末难以愉快。

工作、要求、打扰、怒火都源源不断。

你不断告诉你自己：等事情慢下来了，等活动结束了，等项目结束了，等我赶上截止日期了，等我做完事情了，就好了。

你想按下停止键，藏到一个洞穴中，玩一把"糖果大爆炸"（游戏名），否则你都不知道自己在干什么！

你的混乱来自哪里？

每个人的混乱都不一样。你应对的混乱是什么样的？你可以找出哪些混乱？

未完成的工作

"混乱来自未做出的决定。"

埃弗莉娜·林德尔（Eveliina Lindell），专业组织者

一开始，这不过是件小事：一份准备待会再读的文件；一张感兴趣的传单；一封不知道该怎么回的邮件。这些小事情堆积在一起，就变成了大事：邮箱里塞满邮件，工作积压，任务流受阻，事情永远做不完。

这种杂乱并非只是现实中的，你脑海中堆积成山的工作也制造出混乱：当你觉得很难关闭它；当你在做一项工作，另一项却缠着你不放；当你的身体离开了办公室，脑子里却还想着工作时——你就有未完成的工作的问题了。

可预见的黑天鹅

这可能是任何事情：有人最后一分钟求你办事；客户需

要你不断去求情；老板的想法说变就变；同事找你帮忙却不
知道自己想要什么；火车延误；正当你会议前急需印文件的
时候，打印机却突然卡住了；寄出的信件不知道为什么寄
丢了。

这不只是在工作中。可能是小孩早上五点就醒了；关键
时候找不到需要的衣服；急着送孩子上学时发现袜子不对
劲；当你正忙着把猫从冰箱上拽下来，把洒出来的牛奶擦
干，调解孩子们之间的矛盾，一边还煮着面条时，妈妈却突
然来了电话。

我们知道这种事情是会发生的，只是不知道它们会在何
时、以什么方式发生，也没想好要怎么应对。

情节生变，问题突发

有时，事情并不按计划进行。有时计划需要调整。虽然
我们有好的意图和计划，但还是无法避免突发情况。有些事
情是我们无法预料、无法控制的，比如公司重组、税法变
化、生病、银行账户被冻结、山体滑坡导致火车移线，或者
学校因为锅炉坏了需要停课，或者你的贮水槽坏了让厨房发
了大水，或者杯子里的咖啡洒到了包里。

这种混乱最困难的地方在于你失去了控制，同时又想要
掌控。你认为自己有责任找到解决办法，但是又无力阻止这
种问题的发生。

噪声

有时候混乱来自噪声：同时进行的事情太多，太多声音，太多邮件，太多让你分心或者打扰的事情分散了注意力。

有时候你很忙，却完全不知道自己忙了些什么。有时候你做一件事要花上超出平时 10 倍的时间，因为你不断被人打断。有时候，办公室里、桌上、邮箱里、头脑中的所有人和所有事似乎都需要你的关注。

空白

有时候混乱的来源并不是噪声，与之相反，是不确定性带来的空白——你需要完成的巨大工程，你的任务，你定下的截止日期——你知道有任务要做，却不知道工作是什么样的，也不知道如何下手。

在不确定性面前，我们的大脑会努力填补空白。用问题、情景、好的和坏的预期、可能性——无限的可能性、想法、恐惧来填补。因为在不知道的情况下，我们就会想象，有时这比现实更加让我们混乱。

过去与未来

有些混乱并不存在——至少，此时此刻不存在。这种混乱来自我们对过去的执着或者对未来的担忧。

你是不是经常把跟别人的对话在脑海中回放，回想当初的决定，在脑海中重写邮件，剖析不太好的会议，担心未来的截止日期，然后还想着下午茶吃什么？

会议、回顾和计划可能很有用，但是当这些变成执迷和担忧时，它们可能会占满我们的大脑。

走掉的火车

有时，混乱仅仅来自速度。事情发生得太快了，以至于我们没有时间思考或者停下来——你试过从火车上跳下来吗？

有时候，你从一件事跳到另一件事，飞快地切换，也拽上了其他人；有时，这令人振奋——这本身就是一种成就。但是，当它不起作用时，你就会脱离轨道，变成巨大的失败。保持火车不脱轨本身就是一项工作。

在这种速度运转下，你通常会感到混乱。预期之内和预期之外的大事小事，你都没有时间停下来思考。实际上，"我没有时间"可能已经成了你的口头禅。

混乱打乱了我们的思维，偷走了我们的精力，让我们在众多不同的方向之间来回打转。它让我们觉得没有时间停下来，更没有时间享受过程；它说服我们，一切都没有意义，因为反正我们也控制不了，唯一的选择就是不断踢腿，希望我们不会被淹死。

但是，如果我们比想象中拥有更多的控制，而实际上需要的控制更少——那会是怎样一幅图景？如果不去试图控制一切，而是在混乱的世界中创造自己的平静之海，乘波航行而不迷失自我，让自己沉醉于生活中，而不是让生活要了我们的命，那又会怎么样？

我们需要的不是控制，而是清晰。无论工作还是生活，我们都需要在混乱中做到最好。

创造清晰：你的领地是什么？

你是否有过这样的感觉，你在追逐头脑中的想法？当你试着捉住一个想法，它是不是跑开了，又带来了其他的想法？试着解决一个问题，你想得越多，它似乎就越糟糕。试着关注一件事，其他任务就开始骚扰你了。

"你的头脑是用来产生想法，而不是保存想法的。"

大卫·艾伦（David Allen），《搞定》（*Getting Things Done*）一书作者

你越想努力抓住、留住头脑中的想法，你的思考空间就越小。

当你脑子里都是想法时，你就无法拨云见日，看清大方向。当每件事都迫在眉睫、需要你的注意时，你就没法做出理智的决定。同时，将你的想法和感受、现实和恐惧、证据和想象分开也会更难，恐惧和困难会在你的大脑中放大。

第一步：找到混乱：你在想什么？

走出混乱的第一步是把你头脑中的想法用一张纸（或者屏幕）记下来，让自己看到所有的想法，然后开始梳理它们，而不是在头脑中没完没了地追逐这些想法。

现在就做。去拿一张纸，一支笔，最好拿上一叠便利贴，问问你自己："我现在在想什么？"然后把所有的东西都写下来，包括你需要做的事，你担心的事，你想要记住的事，你正在做的项目，你要完成的任务，你要回复的电话，你脑海中产生的点子。把想法通通倾倒出来，清空你的大脑。

第二步：分辨出焦虑和工作

不是你担心的每件事你都有控制权，不是你写下的每个问题你都可以解决。有时，最大的混乱在于你认为自己必须有掌控权，对每件事都要负责，但有些问题却没有能力解决。我们需要把担忧和工作分开。

我与客户经常做史蒂芬·柯维（Stephen Covey）的关注圈和影响圈练习：

- 在一张大纸上画两个圈，一个套着另一个。
- 对于你写下的每件事，问问自己："我能做些什么？"
- 如果你的答案是"做不了什么"，就把它写在外圈内，这是史蒂芬·柯维所说的关注圈。这些事情可能会影响你，但你控制不了。

　　● 如果你的答案是"可以做一些事情"，就把这件事放在内圈。这是你的影响圈，是你可以掌控的。看看整张图，你的注意力有多少在关注圈中，有多少时间和精力都花在无法控制的事情上？

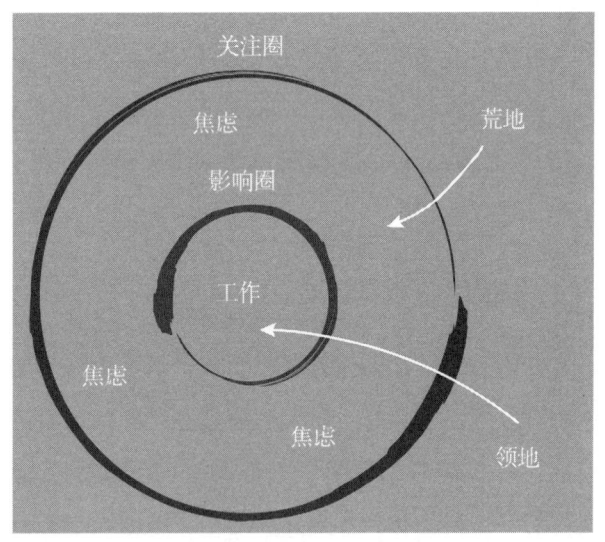

　　你是有选择的：你可以选择没有目的地在焦虑中乱走（你会有很多事要忙），或者你可以专注于工作，让它成为你的领地。

第三步：明确工作

现在看看内圈。对你写下的每件事情，你都应该问问自己："我是否清楚自己需要做什么？"

如果你写下"整理网站"或者"查理的行为"，这些可能在你的影响圈内，但是如果你没有明确关于它你需要做些什么，它仍会成为一种焦虑，而不是你可以真正采取行动的事。

想要明确工作，先问问自己："我需要对此采取什么措施？"可能你会想到几件事，把它们记下来。如果你用便利贴，就在每张便利贴上写上一件事，然后问问自己："对于这件事我首先需要做的是什么？"然后确保将它处于优先位置，当你看到自己的影响圈时，就可以看到它。

不断重复这一循环，直到你的影响圈内所有的事项都有清楚的行动，这样你就找到了自己需要做的。

工作时的清晰

为什么现在大家的工作这么混乱？

1. **工作没有尽头**。时间一天天过去，但是要做的事情越来越多。你需要打更多的电话，做更多的研究，办更多的事，实践更多的想法，联系更多的人，跟进更多的意向客户，回复更多的邮件，回应更多的请求，追求更多的机会，探索更多的空间，应对更多的挑战，达成更多的目标……

2. **工作没有顺序**。工作是在不同的时间到来的，其方式和推进的速度都不同。我们的工作不只是把任务完成，还必须要解决问题——定义工作，选择工作，管理工作，平衡工作……

3. **工作时，你的生活并不会停止**。当然，并不只是工作，还有工作之外的生活——从倒垃圾、买牙膏，到你一直想挤出时间去做的事情，比如预约医生、打电话给朋友；或者写愿望，做一些大事，比如搬家、结婚、选择学校；还有娱乐，比如见朋友、组装组件汽车、在乐队排练、练习马拉松；或者度假，甚至，是像吃饭和睡觉这样简单的事。这些也都需要做，无论是在工作中，工作前后，还是与工作一起做。

有时候，好像每件事都在朝着不同的方向奔去，似乎会出现连环撞车般的悲剧。有时候，所有的事情又一起卡住了，没有一件事能动弹。有流量，有噪声，有压力，但是没有一点进步。

所以我们需要开始进行流量管控！

流量管控

管理工作流就像交通管控。如果每一件事都朝着四面八方移动，那就会出现混乱。没有一件事能做好，一切都变得疯狂，你可能会连环撞车。

想一想你现在需要做的事——任务、项目、差事、杂活、想法、催促、提醒——工作中的，家里的，个人生活中的，社交生活中的……

你的待办事项清单和脑海中有多少事？哪些是红灯，你被卡住了，不知道如何前进？哪些是黄灯，你正在等待其他人、其他事，或者需要你自己做出决定才能前进？哪些是绿灯，你可以行动？

红灯：为什么卡住了？

哪些事情现在卡住了，但是你还想做？也许你已经走进了一个死胡同；也许事情的结果跟你想得不一样；也许供应商最后一秒钟取消了合同，或者公司重组，打乱了工作；也许你现在不知道下一步该怎么做，或者这件事已经没戏了，但你还记挂着它。哪些事情在你的待办清单上拖得太长，已经落满灰尘了？

当有太多亮红灯的事情时，我们就会感到沮丧。没有一件事能向前推进，一切都卡住了：我们需要找到前进的办法。当我们只有几件事情亮红灯但是完全不能动弹时，你可能很容易忽视它们，让绿色的先行。但是它仍然会占路，让整体交通更加堵塞。

你需要放弃什么，把它从路上赶下来？

你需要做什么，才能不再卡在原地？

你需要别人帮助你做什么？

黄灯：哪些是暂停事项？

你的待办清单上，哪些事情正在进行？哪些事情你在等别人做？哪些事情你之后会做？你等待的信息，给别人做决定的时间，等处理一个订单，或者等批准一个决定，你已经分配的工作，你正在拖延的决定……

不论你选择等待完成哪项工作，还是等着别人跟你交接，你都在把你的能量浪费在黄色区域，想要采取行动却没有前进，这会花费你的时间和精力，而没能去做真正可以做的事。

你需要怎样应对？

使用"@等待"来标记你正在等待的事

等着财务部的乔发给你数字，你才能做简报？追踪一个丢失的包裹，发现7天后才能找到？如果在接下来的两周内还没有收到回复，想要给自己设一个提醒去跟进一下业务询价？

把这些事与你当下正在做的事情分开，这样你就不会每次都得停下—再开始，在"是的，我现在可以做，马上马上马上"和"不行，我现在不能做，还等一下"之间来回晃荡。

不过要记得关注这些事，这样你就不用在脑子里一直记着它们了。我会在待办清单中使用一个单独的"@等待"事项分类，与行动分开，放在一个我经常检查的地方，有需要时就可以跟进、催促。

> **小贴士**
>
> 不要设立过长的待办清单，而是将任务分成几类，每一类都加上@符号，这样容易找到。因此，当我想找到所有等待的事情时，我直接搜索"@等待"；如果我想找到所有我需要跟我丈夫谈的事情，我就直接搜索"@老公"。

储存点子：存下你准备缓一缓的

应该有很多人跟我一样，当想集中精力做一件事时，脑子里突然冒出关于另一件事的点子了：一篇博文的想法，一个有意思的新工具，想要进行的宣传，之前搁置的项目，想读的书，伟大的、闪光的新想法等。这些想法在你做其他事的时候正好降临。

这时候，你需要一个点子盒，也就是一个存放你点子的空间，这样你就不必一直记挂着，它们也不会让你分神，等你有时间处理的时候，你可以再回来找它们。你可以用一个单独的笔记本，一个电脑文件夹，待办事项上的一个分类或者标记来记录它们。或者，像我的客人一样，在桌子上放一个罐子：如果她现在在做别的事，每有一个想法，就写到一张纸上，然后把纸折好，放到罐子里。这样，她既能把脑袋清空，也让点子安然无恙——她的点子罐成了藏宝箱，可以等她有时间的时候再去探索。

绿灯：哪些可以现在做？

是不是应该给每件事都开绿灯？当然不是啦。给每件事都开绿灯，就像在一个繁忙的交叉路口，所有交通灯突然变成绿色，那么大麻烦来了：有的车子往左，有的往右，有的在中间；有些车撞上了，有些很险没撞上，还有很多车子猛打方向盘，最终造成交通瘫痪……这肯定是一场大混乱。

我们可以做任何事，但不能同时做所有事——谚语说得没错。我们的效率取决于如何管理交通流量，还有开车（做事）的方式。如果我们管理得当，那么车流和驾驶就会变得美好，而不是一种危险。

新任务!

你如何管理新任务？是不是只看谁的嗓门最大，或者查邮件的时候先看到哪个，就做哪个？你是按照先来后到的顺序处理事情，还是让所有事情都堆在一起，看看哪个正好在最上面？你会接下所有任务，还是有些会被遗漏？或者你会躲起来，希望任务就这样消失？

如果工作总是越做越多（实际上，根本做不完），直接应对新工作是很令人头疼的，很容易造成一直在救火的状态：不断地回应嗓门最大的人，而不是做对你来说最重要的事。但是，不应对新任务，可能会导致工作堆积成山，忘记、错过事情，你总是在不断追赶，却不知道忽略了什么，可能你忽略的部分恰好会引起问题。

作为一名高效忍者（Productivity Ninja），我会教别人CORD效率模型，帮助他们管理工作和生活。

CORD，即捕捉和收集（Capture and Collect）、整理（Organise）、回顾（Review）以及做事（Do）。

1. 捕捉和收集

第一阶段，捕捉和收集，即要用一个有效的方法从接收到的信息中捕捉你想要的。也许是一个点子，也许是这周要办的一件事，很有可能你接收信息时根本意识不到。但是如果你开始认为它"有点重要"，就应该想办法去抓住它，而不是存在脑袋里。

2. 整理

这一阶段是定义工作。现在要从一大堆想法中筛选出"什么值得做？"以及"下一步做什么？"。这一部分的流量控制是把等待的事情放一放，把不值得做的事情删掉，保证现在做的事能满足自己的目标，也就是定义出清楚而具体的下一步。

3. 回顾

回顾是我们进入"老板模式"，检查大局的阶段。事情进展如何？哪些事进展顺利？下一步要做什么？这是我们应该决定方向和优先级的时候。我们这周的重点是什么？需要为什么腾出地方？我们也需要做自我检查：我现在感觉如何？我在抵抗什么？我的能量如何？我是否在做对我而言重要的事？我需要在哪些方面做得不一样？

4. 做事

做事就是关于无情的执行和毫不费力的动力。我们已经找到了任务，定义了工作，并且回顾了工作，那么我们就开始做了。开车，关注前方路况，开始旅程，做完工作。即使是这样，也有让人分心的障碍：路障，道路突然封闭，180度转弯。我们需要马上回应、处理这些事情。不过，既然日常需要处理的事少了，应对当下的情况就更容易了。

5. 完成

其实，这也是做事环节的一部分——或者 CORD 效率模型中"做事"的结果。但是这一部分往往被人忽略，所以我认为应该提一下。

完成，是指把事情从待办清单上删除，彻底结束，庆祝目标达成，然后继续下一件事。

因为太忙，我们总是忽视这一阶段，想要做下一件事。但是它还是很重要的——那就是关闭任务，真正结束任务。做完最后一步，项目结束，而不是让它还成为一件你要办的小事。

对我来说，我倾向于修改完成后再发布，而不是发布后再不断地改动。对我丈夫来说，他容易在离终点线前一点的地方停下来。他努力了那么久，差一点就做完了，但就是最后一件事没有做完：起居室地板的镶边没弄好；放到最后装饰女儿房间的仙女灯和镜子还没打开包装。不论你继续做还是在任务差一点完成的时候停下来，你都陷入了未完成的状态。它仍是你管理流量的一部分，仍然占地方，仍然需要你的一点注意力。

最后一件事就是把文件填好，删除邮件或者项目，而不是让它们像路上的废车一样杵在那里。虽然没什么要做的了，但它还是占地方，你还是需要绕过它。

"收好不用"和"正在使用"

厨房设计师和专业的收纳人士都会注意到动态秩序的原则，即东西不会永远放在同一个地方，每样东西都应该有"正在使用"和"收好不用"两个状态。

比如，当我的孩子们在玩时，玩具就正在使用，应该在地板上。看起来可能很乱，但它们正在该在的地方。当他们玩完了，玩具就应该被收好、放好。

淤塞意味着我们用完东西后没有将它们放回该放的地方，还在使用状态：我们读过却没有回复的信；我们放在桌台上没收起来的文件，因为我们在心理上没有放下它；一直持续的项目和任务；我们不再需要，但还没扔掉的东西；我们需要，但没有放对位置的东西。于是，我们被玩具绊倒，东西被弄坏，孩子们总是看着成堆的玩具，却说没有玩的东西。最终，他们放弃了那一堆乱七八糟的东西，去其他地方玩了。

在我的"邮件箱清零"研讨会中，我也看到了同样的事情，邮箱是用来收邮件的，但是后来变成了各类邮件的堆放场：

- 需要注意的；
- 无需注意的；
- 需要读的；
- 已经读过但没想好怎么回复的；
- 等待某人行动的；
- 等待你的决定的；
- 已经回应的（但是还没结束）。

你在"使用中"的东西是否太多了？

我们有太多使用中的东西，就意味着没有真正使用其中任何一种。所有东西都会碍事，没有一样能得到足够的注意。我们只是不断东找西找，在乱七八糟的东西里乱翻，踩到乐高积木时痛得大叫。我们把东西翻来翻去，却没有用它们；被工作包围，却没有真正做事。

把东西放回原处——不论是现实中的东西还是头脑里不去理会的——可以帮助我们注意那些需要关注的东西：行

动、工作、需要做的事情。

这也关乎状态、动力以及做完事情后的满足。当我们停下来肯定进步时，会带给我们动力去做更多，它提醒我们自己拥有的能力。

小贴士

你多久停下来为成功庆祝一次呢？

写一张清单，列出自己一天、一周或者一个月的成就，并庆祝它们吧！不要只看着这些清单。

工作中的清晰：控制噪声

大多数开放式办公室的交流都是 7 天 24 小时不断进行的，你很容易发现自己不断被打扰，不断分心。对微软员工的一项研究表明，当做一件事需要高度集中注意力时，注意力被打断 1 分钟需要 15 分钟才能恢复。

1 分钟接电话、查邮件、回答同事的问题；15 分钟恢复注意力，记起你做到哪了，重复最后一段，再回到之前的心流状态。

到了一天结束，当你准备关电脑时，你发现 9 点开始写的邮件了吗？最近中田纳西州立大学（Middle Tennessee State University）的研究也发现，个人社交媒体带来的分心会对身心和效率产生负面影响。参加者需要看一段 15 分钟的视频，几个社交媒体的页面同时打开，包括脸书（Face-book）、推特（Twitter）和领英（LinkedIn）。研究者监督参加者多久查一次社交媒体，然后根据视频内容进行测试，发现使用社交媒体多的人表现不如少的人好。研究也发现，科技压力越高，幸福感越低。

你每个工作日会被打扰多少次？你是否经常因为周围、自己头脑中或者桌面上的东西分心？有多少注意力被偷走了？

让你分心的常见罪魁祸首有（来自研讨会代表的发言）：

- 办公室的同事。

- 电话。

- 邮件。

- 老板。

- 即时信息。

- 社交媒体。

- 上周的报告，还没有看。

- 背景噪声。

- 我自己！我对其他工作的想法、催促、提醒、新主意，等等。

感官噪声又如何？

我们的感官每秒从环境中收集了 1100 万字节的信息，

但是意识思维每秒只能处理大概 50 字节。我们都能过滤掉一些信息，不过有些人会对某些噪声更加敏感。

我丈夫就是在完全安静的环境下工作得更好，他对其他人制造出的噪声——聊天和人群尤其敏感。屏蔽背景噪声需要付出一定的努力和精力，因此，即使他可以无视噪声，他也不能全力以赴地工作。他会注意到噪声偷偷来袭，但他可能不会意识到噪声在慢慢变大，直到突然让人忍受不了。

而我在太安静或静态的环境下反而工作不好。因为周围的噪声和活动能刺激我，让我的大脑工作得更好。唯一例外的是接电话或者开网络研讨会——我需要注意听声音。其他情况下，比如咖啡厅里的嘈杂、人们走来走去、背后有人聊天或者有我可以跟着哼的音乐，我完全没有问题。实际上，我写这本书的时候，就是在当地一家不错的咖啡馆（他们家的西西里岛炖茄子特别不错）的一个角落里完成了一大半。

你最佳的工作环境在哪里？你现在的工作环境又如何呢？它是能激发你的斗志，还是太过嘈杂，或者太过无聊？你是能文思泉涌，还是感官超载了呢？它能让你精神振奋，还是让你快睡着了？

如果你认为环境太吵（或者背景音不是你想要的），有几种方法能够减轻噪声。

减少电子噪声

- 关掉邮件通知。

- 关掉社交媒体通知。

- 取消订阅你不看的邮件和通知。

- 设置规则，把你希望少注意的东西过滤出去，放到"通告"或者"之后阅读"的文件夹里。

- 不想聊天时，把聊天软件设置到下线/不在的状态。

- 关掉自动发送/接收功能（或者在电子邮件上面选择线下工作）。

- 关掉 Wifi。

- 不要让邮件程序在后台运行（社交媒体也一样）。

- 当你完成一件事后，关掉标签页/窗口，再开始做下一件事。

减少现实中的噪声

- 戴上耳机。

- 关上门。

- 转换地点：去家里/会议室/咖啡厅工作。

- 在开放式办公室中约定一个"不要打扰"的信号。

- 告知别人你何时有空（详见第六章）。

- 清理办公桌。

降低脑海中的噪声

- 写下来，不要记在脑子里。

- 使用可信的记录系统来记录想法，设置提醒和催促。

- 一次只关注一件事（详见第十章：多重任务）。
- 写一个醒目的对于目前任务的提醒（比如用便利贴）。
- 让脑海中的猴子安静下来（详见第三章）。

在无法控制的嘈杂中保持平静

"责任"和"回应能力"

"每天的任务让我觉得自己在某种程度上是有控制力的——真正让我痛苦的是有的事情不在我的控制之内，但是我必须应对。我需要负责，却已经无法掌控，我知道自己要陷入混乱中了。"

负责到底是什么意思？也许你应该将其理解为"能够回应"（即英文 responsible 一词拆分成 response-able）。负责就意味着选择如何回应。当我们不能控制会发生什么时，我们能够控制的是我们的回应，能够选择的是怎样回应。

我们可以选择不要为别人的行为负责，而是为自己的回应、情绪、想法和行为负责。

我们可以选择面对沮丧、愤怒和无助。我们可以充满愧疚，埋怨自己没能应对或者一开始没能避免这个问题。我们可以选择控制不可控制的——也就是让情况越来越混乱。或者，我们可以关注我们能做的，而不是做不到的；关注"现在做什么"，而不是一直沉浸在"发生了什么"的情绪中。

我们可以问自己"我能做什么",而不是想着"我怎么这么倒霉"。

当我们选择不做"为什么倒霉的总是我"的受害者或者"都是我的错,如果我……"的肇事者时,我们就能真正控制自己的行为和回应。我们可以避免闹剧、愧疚、恐惧、愤怒和沮丧,从而重新看到:这是一个问题,但不是我个人的问题;这是一次挫折,但并不是难以克服的;这是很困难的处境,但并没有把我困住;这是一次失败,但并不是世界末日;这是一次预料之外的事,但你仍然手握大局。

这样一来,混乱不再是我们的混乱,我们也无需控制。我们只需找到方向,找到对我们来说最好的道路。

"你应该具备这种思维:你只需要为你能控制的事情负责就行了。如果世界上所有的责任都是你来承担,你作为CEO恐怕命不久矣。

如果你说,天,我该拿法国经济怎么办?现在真是太糟糕了——如果你做不了什么事,那就不要担心了。你只需要为自己可以影响的事情负责,其他的就放到一边吧。"

杰夫·伊梅尔特(Jeff Immelt),通用电气公司总裁

为突发事件做好准备

你的日程是否像钟表一样准时?你是否做好了应对突发事件的准备?你是否有为错误留出空间?我以前是一个完美

主义者，但现在已经好多了。我一直都给自己定很高的标准，但是我永远不会要求别人完美。实际上，就算我对自己很严苛，我还是会鼓励别人对自己好一点。不苛求他人完美，我这人真是太好了，至少我是这么认为的。

午夜，我开了两小时车回家，第二天一早要开研讨会。我本应该睡觉了，但我还在打印资料。我以为我都做好了：我知道这三天会很忙，于是我深呼吸，提前规划、准备好了一切。我总算没有拖到最后，但这次是其他人的问题——别人的疏忽和错误让我不得不牺牲睡眠时间来弥补。灾难总算没有发生，我虽然睡得很差，但至少研讨会很顺利。

但是我确实会想：这是其他人的错误，没错，他们应该发现的，应该预留更多的时间（他们最近很忙）。检查他们的工作不是我的任务，我们肯定会就这件事谈谈（谢天谢地，我总算没有在筋疲力尽、怒火滔天的时候去发邮件）。

我意识到：当我的日程太紧以至于没有犯错的空间时，我就是在要求完美，不仅要求自己完美，而且要求其他人完美。

因为我确实没有时间给他们犯错；没有时间让服务员把我的账单弄错；没有时间让那个新手司机堵着路；没有时间给新手收银员开抽屉；没有时间让实习生适应新的公司文化；没有时间给我的孩子在门口发脾气；没有时间给同事发现错误，更不用说改正了。

这不仅是错误的问题。我的一个朋友有一天发推特说，在他带孩子的这一天，他儿子早上 5 点就把他叫醒了。

我非常理解——我女儿现在也是，她在 6 点以后叫我起来就不错了。不过我这个朋友认为带孩子不用早起，因为他不用上班，这让我笑了。其实换一个角度来看：在家带孩子的周一正是需要早起的日子——而且还不用闹钟！

对于快速变化的公司或者跟孩子、宠物有关的事，如果总是拖到最后一刻，那么我们的工作其实也包括应对突发事件。变化是各行各业的一部分。而且，当我们有能力和眼界去应对，其实我们就增强了应对变化的能力。很多时候，我发现自己很高兴能帮助客户应对最后一刻的危机，平静地说服儿子系上他坚持要穿的那双鞋的鞋带，或者把晚餐的菜弄出个新花样。

但是当我快要迟到了，孩子还是非穿那双鞋不可；当我正赶时间，又恰好来了一封棘手的邮件；当我筋疲力尽，而意大利面又正好撒进了水槽，就是事情变得混乱的时候。

只有当我们感到失控时，混乱才会发生。当我们准备得很好，有多余的时间精力来应付突发事件时，我们就会发现自己应付自如，能接受改变，而且能够敏捷自如地做出回应。

处理不确定性

对于创造的过程，我有一个理论。我们一开始都会有很棒的想法，也许它是比爱迪生发明电灯泡还伟大的想法，也许它只是一个古怪的小想法，还长着腿会跑。无论如何，它让我们燃起了兴趣之火，让我们觉得这个想法是值得追求的。在创意之后，我们都会创造出一些东西。也许它跟我们之前想过的完全不一样，或者跟我们设想的一模一样，但它是美好、完整而真实的。中间那个巨大、空洞、狂野的过程，是一片未知的领地。那里是一片空白的画板，除了无限的可能，什么也没有。它等着你来用语言、颜色、模型、公式填满——无论你用什么作为媒介，只要你能想象，你就能创造。

欢迎来到这片空白之地。空地可以是一个游乐场，也可以是训练场、避难所或者监狱。这都取决于我们带进来什么。关于空白，你要知道：

你不会每件事都知道

放弃你需要在开始之前就万事俱备的想法。就如同马丁·路德·金曾说过的，"你不需要看到整个台阶，迈出第一步就好"。当你开始了，你就创造了一段旅程，等到所有的故事最后都汇聚在一起，一切都会变得有意义。

没有正确的

我们越想做对，就会变得越困惑。在没有规划的领地上，"正确"还没有被发明出来。所有的东西都具备可能性，而"正确"是你所选择的。不要认为"我必须做对"，尝试告诉自己"我需要边做边想"。拥抱一边做一边制造结果的可能性（而不是一定要先找到结果）。

你可以改变想法

这是探索，不是期望。关注探索的过程，这意味着你可能会发现死胡同和弯曲的小巷，也会发现广阔的开放空间。如果你追的兔子钻进了兔子洞，然后发现这不是自己想走的方向，你可以找另外一条路。你所选择的每一步都是有意义的。

把想象变成现实

在未知的情况下，我们会用想象填补空白。你在想象什么？你是否在想象所有可能出错的事情或者灾难性的结局？你是否关注于你不知道的事情，而不是你知道的事情？你是否在内化不确定性？不只是应对未知，而是关注你不知道的事情，开始怀疑自己。如果这是我们填补空白的方式，那么我们创造的结果将是：更多的不确定性、恐惧、怀疑、担忧、混乱和迷惑。

你应该专注于你知道的事情。提醒自己，你可以做什么，你知道什么，你有哪些能力，你有哪些技术。专注于你所看到的，然后推导可能的未来。把你的想法从"我不知道"变成"这个我知道……这就是我正在发现/研究/解决的问题"。

允许自己疲倦

做决定是很艰难的工作。即使你好像没有做什么，没有取得什么进步，也没什么能展现的成果，特别是在这种时候，你其实可能已经在思维上做了很多艰难的工作。

对决策疲劳的研究显示，我们做出决策的能力就像肌肉。当然，你可以慢慢锻炼，把它练得更强、更结实，但最终它还是会疲劳的。实际上，你做出的每一个决定都像在锻炼的时候又多跑了一圈。这就是为什么假释委员会的法官会在早上开始工作时或者午餐休息后给出更宽松的判决。一天慢慢过去，决策疲劳也愈演愈烈，他们更可能给出默认的回答：不行。

我在写这本书时也注意到了决策疲劳的威力，特别是一开始的时候，所有事情都是可能的，但是都没有定论。每当我被未知包围，有很多决定要做，如果别人再就一件事问我的意见时，我简直要疯了："你找不到袜子是怎么回事？"

有时，我甚至不会注意到我头脑中在不断想着各种决定，并在上学的路上不断地咀嚼它们，直到"妈妈，下午茶吃什么？"响起来，就好像杂技演到一半，有人突然把我拉走，再丢进一场进行到一半的橄榄球比赛中。

我们需要做出的决定越多，就越容易给出最简单的默认答案，不论是顺手拿起一条巧克力、在沙发上躺会儿、不再继续重要却困难的对话，还是路怒症爆发，或者没考虑清楚就又接下了一个任务，不知道要怎么从中解脱。

并且，我们也会更渴望确定性。大家会在拖延的时候发现，整理笔架、浇水或者熨衣服这类杂活很有吸引力，这绝对不是巧合。我们渴望确定性：知道要做什么，不需要想。

我们不能改变空白，或者避免空白，这是我们成功到达彼岸必不可缺的一部分。不过，有些事情能够帮助我们应对这种空白。

给自己放个假。如果你正在经历很多不确定性，你要明白自己的大脑正在做一些非常困难的工作，你要做出轻微让步。让其他人决定晚饭吃什么；提前把一周要穿的衣服准备好。放弃不重要的决定：如果孩子们想在周日下午4点就换睡衣，那又怎么样呢？蓝色的深浅度真的重要吗？你真的需要买免税商品吗？少参加一个会议，告诉团队你相信他们的决定；调整节奏，减少自己要做的选择；或者等到你完成了这本书，再开始装修卧室。

寻求帮助。有时，最简单的决定也会在决策疲劳的时候变得很困难。如果你知道大脑很累了，问问其他人的意见，可能的话，把决定权分配给他们。设立支持结构，这样你在把想法说给高层相关人员听时，可以先跟他们商量。有一天我打电话给老板问了一件事，一般我可能都会自己思考。"我有决策疲劳的问题，"我告诉他，"我需要怎么做？"3分钟后他就解决了，我不用遭几个小时的罪了。我们都会有决策疲劳，不论是因为一个大型创意项目，还是因为某段时间内的变化和不确定性太多，我们越能认识到自己的决策疲劳，就越能互相帮助。

问好的问题。"我该怎么办？""如果……""……可以吗？""这个好吗"之类的问题总会让我们团团转，但是"下一步是什么？""我已经知道什么了？""我需要怎么做才能前进？""我应该问谁？""什么会让这个变得不可抵挡？"也许能让我们更好地找到答案。

降低预期。我们都想把工作做好，把事情做对（无论你是非常热爱工作，还是只是为了养家糊口）。实际上，我们的在意造就了最好的作品，但是这种压力也会让我们产生焦虑。如果看到截止日期和你的当前进展会让你崩溃，那就别看了！专注于让你更有动力的事情——接下来的 100 个单词、下一个 20 分钟、下一段谈话、下一顿饭，下一个你鼓励的人、跑的下一千米、爬的下一段楼梯、采取的下一步行动……

创造乐趣。当你忘记了疯狂的截止日期或者巨大的压力，而沉浸在自己创造的乐趣中时，空白本身可能是很令人愉悦的。我们可以沉浸于心流，不再考虑预期，自由地开拓新领域，并边前进边创造。我使用的方法是从我抵达时开始计时，直到我收拾东西离开。期间的时间完全是自由流动的：没有预期，没有目标，只是写作。还有一份信任，我坚信这段时光会回报给你美丽、完整和真实的东西。

牛刀小试

我的领地在哪里？我选择把时间和精力花在哪里？

工作：————————————————————

忧虑：————————————————————

我的流量管控如何？我可以做哪三件事来改善流量？

1. ————————————————————

2. ————————————————————

3. ————————————————————

对于近来的事情我应对如何？我应该改善 CORD 模型的哪些方面？

————————————————————

我正在使用的东西有哪些要放回去？

————————————————————

我的最佳工作环境

我可以做这三件事来降低噪声：

1. ————————————————————

2. ————————————————————

3. ————————————————————

我可以这样改善我的回应能力：

在哪些方面，我需要给自己更多空间和能力来应对突发事件：

我的空白是什么？我该怎样填补？

第三章

别让猴子和蜥蜴脑害了你

为什么我们总是把事情拖到最后一秒，然后在截止期来临前抓狂？为什么我们在需要勇气的时候，却不停地自己吓自己？为什么我们总会想到最坏的结果？为什么我们想要这样做，而实际的行动却完全相反？

答案是：我们的脑子里住着一只猴子。

在《黑猩猩悖论》（*The Chimp Paradox*）中，史蒂夫·彼得斯（Steve Peters）教授描述了人脑的三个部分：

• **人的大脑**：可以做出逻辑性、目的性的决定，因实践获得动力，可以自我发展，有道德感。

• **猴子脑**：负责生存，动力来自原始的情感，比如恐惧、自我和愤怒（还有繁殖本能）。它会极力规避风险，认为所有变化都是潜在的危险。它保护你不出现在聚光灯下，不被看到，避免逆势而行，避开新事物、风险、改变——因为它不知道自己能否控制，而如果不能控制，就无法保护你不受伤害。

- **机器脑**：自动的习惯，可以由人或猴子操控。

作家、知名博主兼企业家赛斯·高汀（Seth Godin）称猴子脑为蜥蜴脑：

> "你想知道为什么很多公司追不上苹果吗？因为他们会妥协，会开会讨论，努力适应环境，害怕批评，这些一般性工作都是为了安抚蜥蜴。只要大脑在，你的蜥蜴脑就永远存在，你需要做的是让它平息，并无视它。"

我称之为思维猴子——不确定是只有一只，还是有很多只。有时候只有一只，有时候感觉有整整一群，七嘴八舌。无论你称之为思维猴子、蜥蜴脑还是内在的批评声音，我们头脑中都有这样一种东西，会产生阻力、恐惧，让我们拖延，让我们分心。

你的脑中在想什么？你可以做些什么？让我们再深入一些！

猴子的六种把戏

1. 让你分心

"来来来，来玩呀，这个不容错过，不看准后悔！"

猴子很容易无聊，喜欢玩耍。面对枯燥至极的 excel 表格，它认为自己有责任帮你找到更有趣的事。有重大问题要解决的时候，比如困难或者令人害怕的问题，猴子能找到一万种让人分心的方法。

基本上，猴子会希望每个人都一起愉快地玩耍。因此，当它看到你为某事纠结，就会忍不住帮你找点安慰。而且猴子非常短视，它的注意力只相当于 3 岁小孩。它看不到拖延只会让目前的情况变得更糟，看不到你最终还是需要交那份文件，而且还会因为质量太差而苦恼，看不到如果肯坚持一下把这件事做完之后就能玩得更开心……

它只能看到当下糟糕而无聊的工作，然后帮你找到能让今天更精彩的好办法：查邮件、玩游戏、跟人喝咖啡、修改网站的字体、浇花、跟卡罗尔见面聊聊周末、修理包上的拉链、更新手机系统、考虑保险方案、给袜子分配抽屉等。猴子会让你感觉上面的每件琐事都很重要。

博客作者蒂姆·厄本（Tim Urban）和安德鲁·芬（Andrew Finn）管它叫作即时满足猴子，只想去黑暗游乐场玩——在这里你会体会到些微的快乐，之后就会被恐惧笼罩。解决方法是把猴子拽入黑暗森林（在这里你会认真做困难的工作），不让它离开，等你走足够远以后，就会看到幸福游乐场了（做完工作后的放松）。

2. 打击你

"说真的，你以为自己是谁呀？你做不成的！"

你还记得一个想法刚刚诞生时，你有多激动吗？你从会议室出来时，是不是动力满满？你上次获奖时，是不是觉得一切都值得，终于相信自己能行了？

专门打击你的猴子总是告诉你：你不够能干/聪明/迅速/强大/学业有成/有商业能力/有决断心/有魅力/有自律性/有创造力……你比不上自己的朋友/同事/前任/竞争对手……

它没什么新意，但是威力很强大。自我怀疑和比较都是它的重拳——很容易预测，但是很强大。它不需要证明自己，因为只要你感觉自己渺小，它就会显得强大，并成为你的主人。

奇怪的是，猴子的目标其实是保护你。它认为外面有很大的危险，因此要奋不顾身地扑上去，不想让你出丑而已。它认为由它来批评你，比其他人来批评你要好。阻止你冒险比让你陷入危险更安全。

3. 让你失望

"这个想法很糟糕！放弃吧。实践结果肯定会非常糟糕的。你到底在干什么？你真的要这样吗？大家会怎么看你？"

除了让你相信你没有能力，猴子也会进一步攻击你的任务，让你相信它太危险，不可能实现，也完全不值得。

太难了，不会成功的。我们以前不也试过吗？别费劲了。你呀，别给自己找麻烦、找累受了。下次再说吧，这次就算了，行吧？你争口气给谁看呀？还是休息一下吧。

4. 压垮你

"你做不到的！人家会怎么看你？况且，你也没时间。看看这些你需要做的事，还有那些依靠你的人。你不能让他们失望。"

猴子会提醒你，你有很多责任：你需要负责的事情，依靠你的人，你应该做的事情。

特别是如果你想做点自己喜欢也没有人会催促你的事，猴子可能会用更沉重的责任来压垮你，让你放弃去实现自己心爱的梦想。

5. 疲劳战术

"如果这样……如果那样……这一点你考虑过了吗？"

"好吧，"猴子正在想，"如果你真的要做，你最好掌握所有信息。我们先想想可能会出现什么不好的结果，这些你都需要做对。你说这是灾难思维？我说这是现实主义，是准备工作。"

你可能没有被吓退，但是回答这些问题肯定需要耗费很多精力。还记得决策疲劳吗？你每回答一个问题，每做出一个决定，你的判断力就会下降一分。当你在原地转了很多圈之后，你已经忘记你要做什么了。看看钟，已经 5 点了，该下班了。

6. 唠叨战术

"不行，喂，看这个！你知道吗？这个太蠢了。谁会……哦，看这个，啦啦啦啦啦啦……"

如果欺负和吓唬你都不起作用，猴子就会大吵大闹，在你的脑子里吵个没完。这会让你既疲劳又沮丧，一直在想"如果""怎么办"等问题，但你能听到的只是一大堆噪声。

猴子一味地吵闹，你却不知道它在吵什么。它吵得你思考不了问题。你的大脑僵住了，无法做出理性的思考，它罢工了。

如何应付猴子

不要跟猴子直接对抗。

猴子是很顽强的，你不能用蛮力对付它；它也是很固执的，冲它大喊，它也不会走开。实际上，它很喜欢比谁嗓门大。你冲它喊，它就会高兴地冲你喊，并且喊个不停。跟猴子斗争会让你精疲力竭，而且并不管用。无视猴子也不太管用。你可以无视它一会儿，但是它会一直跟着你，拍你的肩膀，最终把你折磨得筋疲力尽。

那你可以做什么呢？

让猴子分心

我坐在一间咖啡馆里写这本书。但是，相当讽刺的是，过去的三周我一直在跟猴子做斗争，可是白费力气。现在，猴子终于心满意足了。它们高兴地听着背景音乐，摇摆着身体。它们吃得饱饱的，喝了茶和咖啡。环境一变，再加上音乐，居然让我脑海中的噪声平息下来，我又能执笔写作了。

到餐厅、会议室或者不同的办公室换一下环境，是否会让猴子分心？

让猴子玩耍

猴子喜欢游戏。那为什么不把工作变成一个游戏呢？如果你要报税或者计算开销，为什么不与另外一位会计师一起进行一场比赛呢？你讨厌与人对峙，但是喜欢谜题？那就把要解决的问题变成一个个谜题吧。每完成一件困难的事情后，都做点有趣的事情作为奖励。

番茄工作法

当你需要工作一整天，或者需要做很多工作时，一想起这些苦活就让人丧失动力。而弗朗西斯科·科瑞罗（Francesco Cirillo）的番茄工作法能让人在短时间内高效

工作：每集中精力工作 25 分钟，就可以放松 5 分钟。

　　找出你正在拖延的事情：为什么不先做上 25 分钟，然后再做点别的呢？或者，你的文件是不是堆成山了？拿出计时器，设定 25 分钟，看看你能做多少（或者 10 分钟，其实只要容易管理，规则你可以自己来定）。给你本来能磨蹭上几天的任务加上时限，看看你在那段时间内能做多少。

吃掉那只青蛙！

　　你在不断拖延的事情——其实是你不想做的事情——就像一股难闻的气味一样到处晃荡，它们就是你的青蛙。青蛙到处跟着你，让你心情不佳，但你还是不想做。你每次一看到它，心就往下一沉。你停下来思考怎样对付它，却又开始做其他更容易的事情了。你每次做完一件事情，那种满足感就会被这个事实所抑制：你的青蛙还在那里不断地捉弄你、嘲笑你。

　　这很容易理解。如果你早饭吃了一只臭烘烘、黏糊糊的青蛙，你会觉得之后吃什么都很甜。这个方法的关键是拿出一件你之前一直在推迟的事情——青蛙——然后早上一起来就先做这件事。在你过于劳累、分心或者遇到拦路虎之前，先不要查邮件、喝咖啡或跟同事聊天。在其他事冒出来之前，先埋头苦干30分钟，然后坚持做完它。在猴子也醒来开始冲你喊叫之前，只管去做就好。

这种效果很好。现在青蛙消失了，不再缠着你了（可能完成这件事也没那么难），而且让你的动力和自尊又上了一个台阶，你的猴子也感觉不错。

快看我！我刚刚吃了一只青蛙！啦啦啦！如果我能做到这个，还有什么我做不到的？接下来做什么？下一件事是什么？来吧，我们来做吧，乌拉万岁！

你害怕电话吗？

我想介绍一下我的一个客户，她叫蒂娜，我很为她骄傲。

蒂娜很怕接电话，并不是胆小、懦弱的那种怕，而是愿意做任何事，就是不愿接电话的那种怕。因为它很烦、让人分心、拖人后腿，所以才让人感到害怕。你有这种问题吗？我就有。不过蒂娜受够了。客户需要她的帮助，她也热爱她的工作，但这种恐惧让她难以跟客户交流，她不能再忍受了。她做了什么呢？她决定直面恐惧。

她给自己定下了目标：每天打5个电话，并记录自己的恐惧分数。

- 打电话之前：8 分、6 分、7 分（满分 10 分）。

- 打电话之后：4 分、3 分、2 分。

她注意到："实际上，打电话之前的恐惧比打电话时高得多。我在挂断电话后比打电话之前感觉好多了。"

恐惧才是她的敌人，电话不是，打电话实际上让她感觉更好。这就是恐惧的特点：恐惧会让你不情愿，无法享受一件事，无法感到满意、满足。恐惧让我们对自己说：

"我知道，但是我没法去做。"

"我知道我能做，但是说什么我都不愿意去做这件事。"

"我知道这很蠢，但是我现在就是没时间。"

恐惧如同影子，总是溜到你身后笼罩你，巨大、邪恶又吓人。不过影子不是实质，当你用光明照亮它，正面应对它，它的力量就消散了。

你呢，是否也受到恐惧的笼罩？如果直面恐惧，你会发现什么？

让工作更有趣

在企业和效率的世界中，工作对我来说总是太严肃。当工作变得严肃，恐惧、无力感和拖延就开始发挥作用了。

相反，乐趣却能让人自然而然地产生动力。它来得很容易，不会让我们受不了，我们也不需要给自己打气。乐趣会让我们充满创意，想出好的点子。这时候我们很容易集中精力，不需要刻意努力就能自然而然地参与其中。我们不容易分心，也不太容易拖延了。乐趣是可持续的，当你觉得有趣的时候，事情也变得容易做了。

什么样的事情才有趣呢？这里有一些想法，你可以尝试一下：

●与同事组队比赛，看谁回邮件、缴费、填报税单最快。

●如果你喜欢，可以放音乐，跳跳舞。

●在不想写文章的时候，停下来，把自己的想法说出来，然后把稿子打出来。

●使用计时器，看看你做事的速度有多快。

●使用计时器，看看你在接下来的 10 分钟能做多少事。

●来点颜色：用荧光笔和彩色便利贴给打印出来的 excel 表加上颜色。

●利用创意，为你的下一次报告做点手工。

●改变环境：站起来或坐在地上，去另一个房间，出门散步，去艺术馆，去咖啡馆或公园。

●早上开会时上一盘培根卷，谁能准时到就可以吃。

●举行照片比赛代替寻常的会议——一张照片就可以总结你最突出的内容——也许同时还可以来一个标题比赛。

●换个地方开会——真的。一边散步一边开会；找个安静的街区简短地开个会；走到森林里，或者在海滩上（如果你有幸住在海边）进行深入的讨论。

- 写下你的游戏：

- ---
- ---

是什么让它无法抗拒？

这个问题是我的朋友詹尼·哈兰德-卡恩提出的，她的企业理念是围绕"不可抗拒的生活"这一概念展开的：做这件事，无法抗拒的方法是什么？

不要与抵触情绪做斗争，让自己成为你应该成为的人。你如何改变手上的工作，或者有什么改变工作的方式，让它变得无法抗拒？

这个问题让詹尼开始了她的无法抗拒的路演——她在两个月内用谷歌视频群聊在 5 个地区举行了路演：摩洛哥、兰萨罗特岛、夏蒙尼小镇、洛杉矶和珀斯，克服了她对举办网络研讨会的抗拒。这为什么是无法抗拒的？詹尼是个旅行迷，这些地方她都非常想去。她围绕旅行创造了自己的生活和企业，她当然可以去这些地方办正事。这可不是白日梦。突然之间，她该做的事情变成了她迫不及待要做的事情。

无法抗拒的事情会击败抵触。可能工作还是很艰难，很让人害怕，但是当你让它变得无法抗拒，它就不再阻止你了。你有力量去做困难的部分，忍受无聊的工作，并且可以解决挑战，因为坦白来说，你已经等不及了！

什么会让你的工作变得无法抗拒？

设计自己的游戏

　　游戏经常会打搅我们做事，但是理解游戏的本质也能帮助我们开发一些有趣新颖的方式来完成工作。图腾学习（Totem Learning）的游戏设计与制作主管海伦·洛特莱治（Helen Routledge）认为，有三个游戏设计的黄金定律可以用于高效工作：

1. 拯救世界，一次一步。
2. 不要忘记奖励自己。
3. 把让你分心的事当成坏人。

1. 拯救世界，一次一步

　　"游戏是一种嵌套问题。他们给你一个大的问题去解决，比如拯救世界、打败坏人、建立城市，但是他们不告诉你怎么做。他们给你一个长期目标，玩家自己要去探索怎样到达。而且一个游戏不会只是撂下一句'嘿，伙计，去拯救世界吧！'然后就把你抛下了。实际上，你拯救世界需要很多循序渐进的任务，单个看来可能不是很重要，但是放到一起可以产生巨大的影响。这就是短期目标。"

　　如果你对一个宏大的目标感到害怕，不要因为看不清前路而灰心丧气。一般来讲，旅途只有在我们开始走的时候才会变得清晰。注重每一小步，让自己越来越接近，而不是试图一下子就完成拯救世界的任务。

2. 不要忘记奖励自己

"游戏总是在玩家完成一个任务，并接近最终目标的时候给一点奖励，不论是经验值、新装备、星星、硬币或者只是分数，你努力了就能获得一些回报。"

我的一个同事每完成一次番茄钟，就给自己一颗金星做奖励。在《高效忍者》一书中，格雷厄姆·阿尔科特建议把每次学习或工作赚来的"乐趣分数"换成没有愧疚的娱乐：1分可以看一小时奈飞（Netflix），2分可以跟朋友喝咖啡，9分可以玩一整天。

3. 把让你分心的事当成坏人

"给它们起名字，想象一下它们的超能力。把让你分心的事找出来，你就能在分心时及早发现。"

战胜邪恶本身就让人高兴，这正是我们在对付思维猴子、蜥蜴脑和青蛙时所做的。

你如何给猴子喂食？

你的猴子喜欢即时刺激：想查邮件的时候马上查，在脸书上看小猫小狗的视频，快速玩一把宝石方块。问题是这些短期的刺激无法长时间安抚猴子。它们短时间之内很开心，很满意，但是不久之后，它们就需要另外一个刺激，然后一个又一个。

当你处理满是不确定性的工作时尤为如此。当你在做很大的项目或者身处复杂的情况时，有很多不确定性和未知数，猴子却渴望确定性。因此你渴望做一些简单清楚的事情，总是想查邮件，或者整理文具柜。无论这些事多没意义，多无聊，我们都想要一点确定性。事情只会恶化，好像对糖上瘾一样，你的猴子得到的即时满足越多，它想要的就越多。你越纵容这种习惯，它就越强大。

不要试图饿死猴子。关键是你给猴子喂什么。让它喜欢上一种充分满足的饮食，喜欢上奖励，猴子便会高高兴兴地跟你去工作，因为你保证一天下来会给它香蕉吃，即深深的满足感。不过要做到这点，你需要说话算数，要让猴子享受完成工作的喜悦。如果你马上又开始下一项工作，又开启工作做不完的模式，你的猴子会觉得受骗了，它下次就不太可能听你的了。如果你还希望猴子听你的话，那么庆祝、成就和奖励就很重要。

与成就一样，你的猴子也喜欢健康饮食——感受到有人爱你，为大局做出贡献，知道做的事情有意义。

调节情绪

这些调节情绪的简单方法可以让你的猴子吃饱：

- 想出三件让你感恩的事情，最好写下来。
- 提醒自己在大局中——一场运动、一个社区、一个团队、一个家庭、一种信仰中的意义。
- 拥抱别人——拥抱能释放催产素，这是一种可以缓解压力、减少社交恐惧、减轻痛苦、建立信任、让人放松和产生同情心的荷尔蒙。（其实，性也有同样的作用，但是你肯定不希望滥用这个方法。）
- 写下让你为自己感到自豪的事情。
- 告诉别人你为他们骄傲。
- 运动——运动能产生内啡肽。
- 在阳光好的时候，晒晒太阳，补充点维生素 D。
- 听让你心情好的音乐。
- 学点新东西。
- 做点好玩的事，没有目标，就是玩一玩。
- 赞美一下别人。
- 表扬一下自己。
- 做点好事，不需要理由。

> ● 给别人一点东西——礼物、帮忙、微笑，或者你全部的注意力。

所以，不高兴的猴子会闹出大事，但是高兴的猴子会给你鼓劲，跟你击掌庆祝进步。

不要叫醒猴子

小声一点！如果你小心的话，你甚至不用对付猴子，只要踮着脚尖，猴子就不会被吵醒。重点在于别拉响警铃，让你的猴子醒过来。警铃就是：这很重要！这很困难！

迈出一小步

真正避免吵醒猴子的有效方式是每次只迈出一小步。如果去做大型的、让人害怕的工程，你脑中的猴子就会开始尖叫。当你把它们分成小的、不太重要的步骤时，你的猴子就只会睁开眼睛看看，然后就又去睡了。

5年前如果你告诉我，我正在写第二本有关效率的书，我肯定会大笑着告诉你认错人了（其实还真有一个作家跟我同名，她也叫格蕾丝·马歇尔，但她写的是言情小说——大家可别搞错了！）。

大家知道，我天生是个没有条理的人，我从来就不擅长准时。所以，我第一本书居然在亚马逊英国的时间管理图书榜上勇登榜首，这让我感觉很想笑。我自己不会选择专攻时间管理或者提高效率，如果你告诉我这就是我要做的事，我会尖叫着逃走的。但是，我是个训练师，要帮助这些企业家。平衡工作与生活，最大的问题总是："要做的事太多，时间不够。我该怎么全部做完？"我也是个妈妈，两个孩子年纪尚幼，我非常清楚他们的这种困惑。

我一个一个地帮助客户解决困惑，自己也不断努力，这激发了我对效率的激情（有些人会说是痴迷）。直到我被邀请去参加约翰·威廉（John Williams）的"丢掉工作尽情玩乐"节目担任父母效率专家，我才接受了自己的专家头衔，即使在那时我还总是在想："我随时都会露馅的！我不是他们眼中的专家。"

但这种情况还挺普遍的：冒名顶替综合征。

冒名顶替综合征是说担心被人拆穿，担心你没能符合预期，你不像人们认为的那样好。研究认为多达 70% 的人都有过这种问题，包括凯特·温斯莱特、唐·钱德尔和玛亚·安杰洛。所以，我绝对不是一个人。

所以才要一次一小步。

一次一小步意味着你不用全部准备好才能开始。我并没有告诉自己我必须成为专家（也就避免敲响警钟唤醒我的猴子），我只是一次帮助一个人，回答一个问题。每次冒一点险。

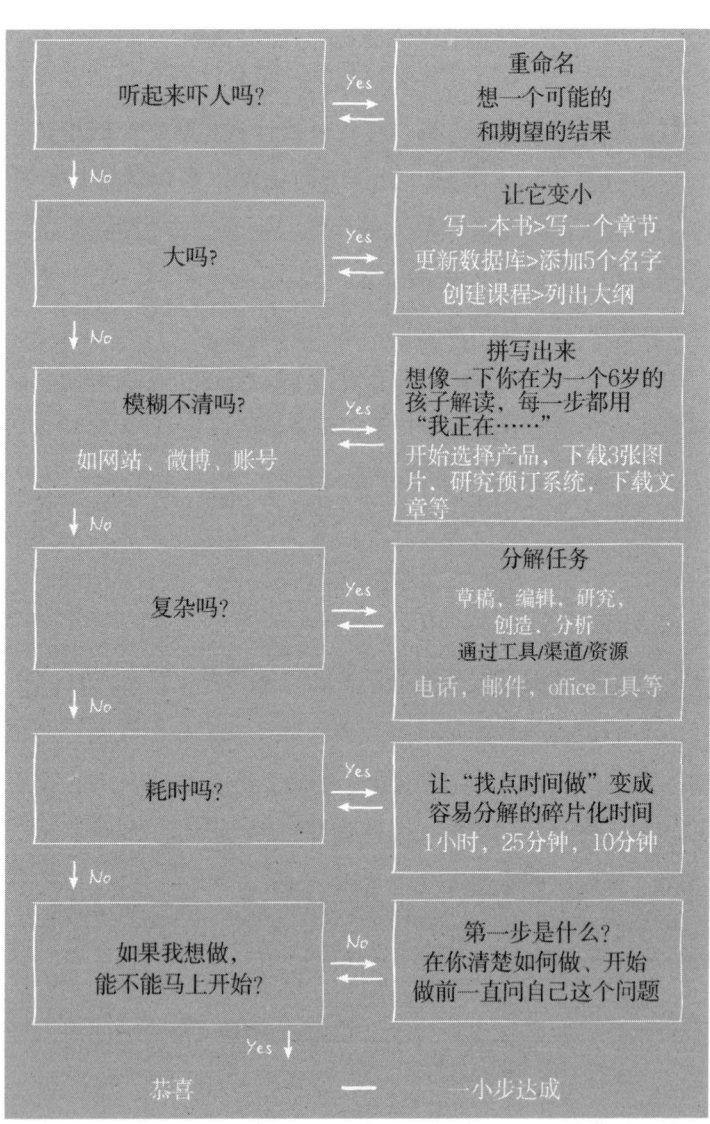

一小步可以让你不再害怕，充满信心。我是不是够格呢？我不知道。我是否可以前进一小步？可以的。我跑步也是采取同样的策略。作为一个不擅长运动的人（实际上，我是那种体育课最有可能逃课的姑娘），唯一能让我去跑步的方法就是一次一小步，很小的一步。这样，无论是我走形的身体还是恐惧的心灵都能承受。所以，我先从每次跑一分钟开始，然后到了第 9 周，我已经连续跑了 5000 米。

每次一小步，你不会再束手无策，因为做事开始变得容易，令人害怕的大目标变成了小而具体的目标，你可以集中精力完成。要做的事情清清楚楚，不用做别的，只是简单的、普通的行动。

一小步的清单

一小步一小步地，我们就能找到状态，战胜拖延，因为你已经开始做事，有了行动了。当你做很简单、很小的事情时，开始和继续都是容易的，一次一小步就好，不必突击、拼命硬做，把自己累坏。

一次一小步也意味着，你不用等到有时间了再做。找时间做大项目是很难的，但是一次做一点就很容易。我听说过一句非常好的谚语：

"蜗牛也能爬上金字塔。"

这就是我如何在 40 天中写出了自己的书，同时还要管孩子、接待客户、做其他事，你也可以。如果你想写一本书，想爬一座山，或者想换一份新工作，你都可以做到。亚里士多德曾经说过："卓越不是一个行为，而是一种习惯。我们在不断做的事情成就了我们。"卓越的成就来自向着正确的方向，不断迈出普通的一步又一步。

修补的艺术

另外一种不把猴子吵醒的方式是修补项目，而不是工作。马克·麦克吉尼斯（Mark McGuinness）是一位诗人和创意教练，他在为 99U 网站写的一篇文章中说道：

> "有趣的是，当你只是开始修补，你就忘记了巨大可怕的工作，开始一小步一小步，迈向前方。你开始调整、修补，没过多久，你的想象力开始迸发，你很高兴地专注于工作。你已经认真地开始了，甚至连自己都没注意到。"

这是艺术家和发明家创造出最佳作品的方式。他们解除了创作的压力，赋予自己玩乐的自由。一些最好的发明一开始就是在娱乐中想出来的，包括短信（SMS）、便利贴、蓝丁胶、比基尼，以及大多数谷歌的产品！

让修补工作如此成功的原因是，我们告诉自己并不是在"工作"，所以大脑猴子也不会上蹿下跳了。《明天再做》（Do it Tomorrow）一书的作者马克·福斯特（Mark

Forster）建议使用"我只是……"这个句型，真的很容易减轻压力：

"我现在不愿做 xx（任务），只是开始第一步。"

"我现在不想写报告，只是先把文件找出来。"

你来试试：

"我只是把文件找出来。"

"我只是进行一次对话。"

"我只是写几句话。"

"我只是安排一下会议。"

"我只是让一个人过目。"

"我只是回答一个问题。"

"我只是看看我能不能帮到一个人。"

"我之后再做这些，现在我只是……"

其他七种正确的方式

我儿子最近因为作业感到心烦。他们班正在过渡到连体书写，他的作业是写一组连体单词，要写出自己最好的水平。就像很多新事物一样，万事总是开头难。

他犯的错误越多，就越沮丧。他越沮丧，犯的错误就越多。最终，他完全崩溃了，不断地说"我是垃圾""我做不了的"。我真希望他还小，他说不行我可以替他做，但是现在他已经长大了，学习——以及学习的过程——非常重要，家长不能代办。

我们谈了谈为什么他会感到沮丧，这归结于他迫切地想把它做好。作业看上去不整洁（所以当然不好），因此他失败了，他是垃圾。这是他的想法。这是他的猴子说的，他相信了，深信不疑。我理解他——因为我知道"把事情做对"的魔咒。我知道一定要做到是什么感受。我们想做好，因为其他人都能做好。我们想成为什么问题都能解决的专家。

不过，有时候，"正确"是一个错误的目标。

把"正确"当作目标，可能会让我们无法开始，因为它离我们的现实水平太远。它会阻止我们开始一些新的尝试，因为每件事都是未知和不确定的，因此没有"正确的"。我们可能太关注正确的答案，而不是去问正确的问题。我们可能太关注正确，而不是享受过程。

有时，我们需要做错事，才能找出正确的解决方案。有时，我们寻找正确方式的旅程也并不是一帆风顺的。

除了做对，还有其他的选择：

●**充满好奇心**：拥抱未知的可能。多问问题，而不是准备好所有的答案。

●**做一个探索者**：做一个不断尝试的人，而不是一个被生活测试的人。尝试并不是一直要做对。这是一个不断尝试和学习的过程。

●**做一个策展人**：行业中一些最好的"专家"其实是策展人——这些人带来其他人的经验和技术，抓住问题和答案，把他们组合起来，给这个行业带来崭新的知识和经验。

- **做一名先锋**：走出自己已知的领域。探索未知和没有对错的领域。走到未知的领域，看看你会发现什么。

- **做一个愚者**：在过去，傻瓜或者小丑往往能对国王说真话，而其他人都不敢。这是因为他们没有权威和专家地位，他们可以尽情发表意见，可以说出真话，让别人听到。这是无知带来的自由。没有之前的知识束手束脚，就有了新的角度去看问题。你可以问愚蠢的问题，可以指出大家视而不见的大问题，给大家带来他们期待的新鲜血液。

- **不断练习**：有时重要的就是练习。摔倒了再爬起来。再试一次，不断重复。我提醒儿子，他擅长不少事情，现在对他来说很自然的事情——从电子游戏到打嗝（我说真的）——他原来都是不会的。有时我们需要放弃做对，只要开始做就好。我儿子不再追求完美，转而追求把作业写完。

- **抱有娱乐精神**：当我们把工作看得太严肃，太想把事情做对时，创意就会被压抑。我在写这本书时也遇到了这种问题。我总是提醒自己"最好的追梦就是享受过程，也享受结果"。而且，我真的很爱写作！我真的很享受写作——除非我被高期望和疯狂的截止日期吓得头脑僵硬。这时我发现我设立了太高的目标，以至于忘记了享受过程，忘记了要在娱乐中写作、尽情挥洒，忘记了相信这个过程自然会孕育出最好的结果。

与你的猴子对话

听好了。

- 你的猴子到底在说什么？

- 它需要什么？你的猴子说它需要的可能并不是它真正需要的。

- 这是恐慌吗？它是否认为大厦将倾，需要采取措施？你是否要说服它？

- 它是否感到不安全？它是否需要安抚和鼓励（而不是娱乐）？

- 它是否小题大做？它是否需要安静、意见和平常心？

- 它是否无聊？它需要乐趣、目标和激情吗？

- 它是否认为自己陷入困境？猴子总是非黑即白地看问题，它是否需要考虑些其他意见？

- 它是否感觉受到威胁？它是否需要知道现在很安全，无需警惕？

- 它是否感到孤独一人，难以应对目前的问题？它是否需要寻求他人支持？

面对现实

你的猴子是否不断地进行灾难性思考，不断地编故事？这是一些能说明问题的迹象——注意以下这些词开头的语句：

> 他们说……
>
> 人人都认为……
>
> 总是这样……
>
> 你永远不会……
>
> 没人可以……
>
> 什么都不会变……
>
> 这都是……
>
> 那就意味着……

如果你的猴子需要面对现实，可以问你自己这些问题：

> "哪些事情出现了问题？"
>
> "谁说？"
>
> "总是吗？"
>
> "从来没有吗？"
>
> "给我举个具体的例子，这是什么时候的事？"
>
> "给我举个反例。是不是有的时候不是这样？"
>
> "什么时候可能有用？"
>
> "如果真有什么不同呢？对谁会有影响？"
>
> "哪些事情并没有问题？"
>
> "我认为这意味着什么？"

鼓励之辞

想要把事情做好吗？我们的第一步就是找到能做到最好

的状态，这意味着在内心鼓励自己。

如果我们让猴子主宰了谈话，它们就会把对话弄得很糟！

罗丝正处于论文写作拖延症中。她的经验告诉她，如果她太晚才开始，她的论文会写不好，但是她的自我怀疑太强烈，让她无法开始。她的猴子在不断地批评：

"我做不了。"

"我不够好。"

"我学习不行。"

"我自制力不行。"

作为心理治疗师，逻辑上她知道这个声音将消耗她大量的时间和精力："这不是真的！但我还是会这样做。"她知道有很多证据表明她的确有能力做好这件事，但是她的猴子一直吵个不停。她也知道，如果她能开始工作，她会享受做这件事的过程。实际上，她一旦开始了，她连停都停不下来！但是，开始似乎太困难了。

我们决定让猴子说完。她之前交过的几篇论文得分都很一般，她对此不太满意。她很晚才开始写，最后写得也不够好。实际上，猴子说的总是有一小部分是对的，但是它夸大其词扭曲了事实。她的猴子认为最好尽量回避被打分的痛苦，这是很沉重、很情绪化的话题，而猴子希望不用深入这个话题。

她对猴子的回答是："太讨厌了！"这样想对写论文毫无帮助，她也不愿自己这样想。但是，猴子并不怕恐吓和咒骂。它们不喜欢被人说讨厌，所以它们更起劲了。

因此，罗丝打算换种说法。

她意识到，拖延、不做研究只是为了回避评判，害怕自己被认为失败，但这也会让她不能成功（经典的猴子破坏）。因此，她决定，如果一定要受到分数的评判，她会选择发挥出自己的最好水平然后接受评判，而不是望洋兴叹什么也没做。

她转变了思维，关注点从做研究的感受"我不知道自己是否准备好了，不知道自己是否足够好，是否有能力"转为关注这件事本身："这件事很复杂，它会影响的人，它如何发生、如何运作，这些我都知道的。"她花了很多时间、精力、情感和智慧投入研究，所以，她不再认为这是软弱无能的表现，而是接受了这样一个事实：当一件事很重要时，有点情绪化是很正常的。

她也决定改变自己内心那个批评的声音——她不会再对猴子说讨厌了，不再增加更多的情感和闹剧，而只会说它们帮不上忙。对于内疚感，她也意识到如果她想要发挥到最好，就需要寻求帮助，从而拥有最好的状态投入研究。

这些顿悟让她能够专注于研究，并做出了不小的改变。她明白了之前那些对话没有用，从而改善了与猴子对话的方式。我们谈完还不到一周，她就给我发来信息："我现在不再拖延了，并且更能享受我的研究。谢谢你！"

给吵吵闹闹换种说法

有时，你的猴子需要吵闹一会，抒发它的恐惧、忧虑，跟人说说话。以下练习可以帮你做到这一点：

1. 找出两张纸。在每张纸上，写下你抗拒、没动力做的事情，或者让你陷入困境的事情。

2. 在其中一张纸上，写下猴子的全部胡言乱语。把它对你说的那些没用的话和自己与之相关的想法都从脑海中清空，倾倒在纸上。即使你知道这都是垃圾，只要是你的想法，就都写下来。

3. 在另一张纸上，总结并写下所有你能想到跟这件事相关的积极的、有帮助的话。

当你坦诚相对的时候，这些话的力量特别强大。如果你想写"容易"但又预感你马上会嗤之以鼻，因为你还不太相信，那么就加上"如果"，比如"如果这件事比我想得容易呢？"或者指出正确的方向，比如"这件事越来越容易了"。

4. 看一下这两张纸，注意你的情绪变化。你注意的东西会越来越多：你注意的越多，你需要注意的就越多。这对我们如何体验事物有很大的影响，我们的想法和语言能影响观念，而观念影响经历，所有这些加起来会决定我们下一步要做的事情。

这个练习的好处在于，这只是你头脑中的想法，你完全有控制权。你可以选择你想要的想法，把它放到可见的地方，比如你的工作桌上、冰箱上，或者镜子边、床边。让这些话进入你的脑海——在起床开始工作甚至睡觉前看一看，你会发现自己的改变。

玩一下"如果"的游戏

你的猴子是不是很喜欢说"如果?"如果搞砸了怎么办?如果我失败了怎么办?如果大家都不喜欢怎么办?

它是不是喜欢想最差的结果,也就是"如果这件事办砸了,那么……,然后……,最后……"。

我们所做的就跟下面一样:

1. **如果**:"如果我这次报告做砸了怎么办?"

2. **意味着**:"我像个大蠢蛋,我会让所有人失望,我会卖不出产品,我会名誉扫地,我肯定升不了职,听说要重组,我甚至可能会被炒鱿鱼……"这一阶段会持续一段时间。

3. **加入证据**:记得那次报告吗?你把简报弄得一团糟,还忘了词?那时观众还挺友好的。你听到那个谁做报告时的事吗?他们说……

4. **然后如果变成了现实**:我不擅长演讲。不会管用的。这太糟糕了。

"担心是用你的想象创造出你不想要的东西。"

埃斯特·黑克斯(Esther Hicks),作家和演讲者

如果使用想象力去创造我们想要的,会怎么样呢?在"如果"的游戏中,我们也可以使用同样的技巧有效建立信念。

1. 想出一个积极、有效的"如果"假设：如果这件事比我想象得更好会怎么样？如果我足够好会怎么样？如果做这件事比我想象得容易会怎么样？如果我非常喜欢会怎么样？

2. 加入意义："那会很好。我会进入一个理想的、令人振奋的团队，并打好基础。"

3. 加入证据："因为我已经做好研究了"；"我已经建立了好的关系"；"我是个很好的倾听者"；"记得那次我放松地发挥出自己的水平，他们都说我很自然地传达了我的观点吗？"

4. 把如果变成现实："我足够好，因为……"；"我会发挥得很好，因为……"；"这是一个很好的机会，因为……"。

注意自己的语言

猴子对有些说法很敏感。只要改变一个说法，对猴子来说就能改变整个对话。下面是一些常见说法：

但是

"我对自己做的事情有自信，但是经营企业/拓展人脉/公众演讲的经验我都没有。"

"这个网站很可爱，但是字体需要再大点。"

"我已经写了 5 章，但是还有 20 章。"

"我很激动，但是也很害怕。"

"这周有 99 个客户很高兴，但是有 1 个客户不高兴。"

注意到了吗？"但是"改变了整句话的语气。"我们有个好消息……"耶！"但是也有个坏消息……"唉！

"但是"有一种抹消了前面所有内容的感觉。好消息的后面是坏消息，自信后面是不自信，表扬后面是批评，进步后面是挫折，做完后面是没做完，激动后面是恐惧。

用"尽管"取代"但是"

"我对自己做的事情有自信，尽管经营企业/拓展人脉/公众演讲的经验我都没有。"

"这个网站很可爱，尽管字体需要再大点。"

"我已经写了 5 章，尽管还有 20 章。"

"我很激动，尽管也很害怕。"

"这周有 99 个客户很高兴，尽管有 1 个客户不高兴。"

注意到区别了吗？前后两部分都同样重要，和平共处。实际上，积极的说法就是成功的一半。

"我很有自信，尽管这是新的任务。"

"这很不错，尽管可以更好。"

"这是我之前做过的，同时这是我现在在做的。"

"做了 5 个，还有 20 个，一直在进步。"

"我很激动也很害怕，这没问题。"

"99 个客户高兴，1 个不高兴——我们做得很好，我们还可以改进什么？"

试一试吧！看看通过说"尽管"，而不是"但是"会有什么变化。

对正在进行的工作用进行时

我们通常关注已经做完和没有做完的工作。那我们现在正在做的工作呢？

一个朋友曾经问过我，你正在做什么？公司怎么样？我总是给出一个静态的回答"挺好/还行/OK/不错/需要改进/不好/别问了！"。

"你正在做什么？"对应的应该是一个更有活力的回答："我正在……它很令人激动，因为……。我还在做……，我期待它发布于……"

进步不是静态的。我们的很多工作都在进行中：公司运营，养家糊口，建立自信，等等。

你正在做什么？

你正在创造什么？

你正在扩大什么？

你正在建立什么？

你正在达成什么？

你正在庆祝什么？

你正在播种什么？

你正在收获什么？

你正在打造的口碑或建立的关系是什么？

你正在改变什么？

你正看到什么结果？

当你真的完成了目标，回顾完成的工作时，支撑你的到底是什么？

如果你希望有动力、在状态、取得进步，那么你需要用进行时。

"我是谁"和"我正在做"

"我是谁"是指我们的身份，它给人的感觉是永恒的，是我们本性的一部分。"我正在做"是指我们的行动，我们此时此刻参与的事，它是暂时的、可以剥离的。因此，当客户说"我是个拖延症晚期患者"，我会提醒他们，拖延是你的行为，不是你的身份。

我们都会拖延。你是如何拖延的？

你是自言自语还是会大声说出来？

你一般都在忙什么？

你在想些什么？

你如何想象？

你的注意力都放在什么地方？

当我们知道自己在做什么时，做点不同的事情就会越来越容易。

"不得不做"和"要做"

"我不得不做"指向一种责任和无力感。我们没有选择，没有控制权；我们被困其中，什么都做不了。这往往让我们变成受害者，"我什么都做不了"或者反抗"你说我不得不做？我不做，我偏不做（也就是拖延）"。

"我要做"指的是机会和选择。我们可以选择，而不是被逼着做事。这让我们有机会找到该做这件事的原因。比如：

"我不得不去锻炼，因为我想减肥。"

"我要去锻炼减肥。"

"我不得不请假，因为女儿病了。"

"我要请假照顾女儿（我可以照顾她，安抚她，抱着她）。"

利蓓卡发现，这种言辞上的小小转变改变了她的看法。她的事业蒸蒸日上，她也被安排了很多工作。"我有这么多工作需要做"让人感到痛苦。她觉得被工作、截止日期、期望和责任压弯了腰。当她改说"我要做……"时，她记起了"我爱我的工作！我可以与这么多可爱的客户共处，可以做这些很棒的项目"。

这甚至能改变我们对不得不做的事情的看法：

"我不得不付税单。"

"我要付今年的税单了！"（我赚的钱多，因此可以付税了。)

"我不得不去另一场会议/做另一场报告了。"

"我要影响这次会议的决定和结果/我要向团队报告，讲出我们的需求/我要让关键方听取我的意见。"

"我不得不对大家宣布重组的坏消息。"

"我要影响宣布的方式。我要站在第一线支持和鼓励我的同事，帮助他们度过艰难的日子。"

你现在正在如何告诉自己不得不做什么事？你的"要做"表述是怎样的？

我不能

当你说"我不能"的时候，实际上你说的是什么？你不知道怎么做？你没有足够的资源去做？你不确定自己想不想做？你已经有别的事做了？有时说"我不能"会容易得多。

比起"我不想做""我宁愿做其他事""我已经有其他事要做了，我不想取消"，"我做不到"更容易说出口（而且更容易被接受）。

"我肯定做不到的"比"这让我害怕"，"我不知道能不能行"，甚至"我不知道怎么做"要容易接受。

遇见风险、成本或者抉择时，"不能"总能让我们脱身。我们不用选择，而是直接说"我不行"，把责任推掉。问题是，一段时间后，我们就真的被这堵墙挡住了，相信了"我不行"。"我不能"让我们处于无助的位置上，它暗示着不可能、能力不足——那我们为什么还要尝试？

我最近与几个朋友谈过，他们在经营企业上都做了很大的转变，而他们之前都说过"我不能"：

"我不能抽出时间休息。"

"我不能提高价格。"

"我不能做得更多/更少。"

"我不能换一种方式做这件事（我试过了，不管用的，我/我的企业至少不行）。"

但是，当他们遭遇危机时，一切都改变了。一个朋友遭遇健康问题，不得不休假；另一个遭遇个人危机，必须做出艰难的选择。他们没有再说"我不能"，而是说："如果这件事一定要成，我该怎么做？"

之前，"我不能"让他们相信没有其他可能性了。

现在，所有规则都不存在了，他们发现自己必须面对艰难的选择，于是决心找到一个方向，勇敢做出艰难的抉择，坚决设立边界，放弃取悦别人，做好每件事——因为"我不能"不再是一个选择了。不可能是不存在的，只要努力，一切皆有可能。

一次危机，可能会让我们看清事实，看清到底什么才是重要的，哪些是必不可少的，哪些是可以放弃的。如果我们能经常地为自己创造清晰的环境，不需要危机，也能让我们真诚面对自己的"不能"。

思维训练师卡罗琳·佛格尔森（Caroline Ferguson）曾

经提出一个简单的语言实验：

当你说"我不能"的时候，试一试把它替换成其他这些语言：

"我选择不……"

"我还没有……"

这些话会给你的大脑一个不同的信号。

还有其他代替"我不能"的语言，就是"我不会"，比如：

"我不会在周末工作。"

"我不会在 5 点后接电话。"

"我不会取消健身房的预约。"

试一试吧！你会见证不同的。

牛刀小试

你现在在想什么？你的猴子在做什么？

我的猴子总是在这些时候最活跃：

....

它们最喜欢玩的就是：

....

你会怎样对付猴子？

我的猴子会被这些分心：

....

我可以用以下三件事让猴子玩耍：

1. ....

2. ....

3. ....

我可以把这个庞大吓人的项目分成很多个一小步：

....

我不选择"正确"，我选择：

....

这些东西我不会再喂给猴子：

我想喂给猴子：

和我的猴子更好地对话：

我要注意的语言：

第四章

真假工作

"在根本不该做的工作上提高效率，这是最没效率的。"

彼得·德鲁克（Peter Drucker）

你 有过这样的经历吗？明明一天都很忙，但是别人问你忙了什么，你却答不上来？

忙碌并不难。事情总是要多少有多少。成堆的邮件，要打的电话，要查看的链接，要研究的活动，行业新闻，同事的请求，老板的想法（还有自己的想法），要解决的问题，要答复的询问，要催促的人，要追的发票，替人代班，最后一次的机会，一个长期的项目，改变的截止日期，要参加的会议，要记的笔记，要沟通的信息，要重写的幻灯片，要分析的数据，等等。除了工作，还要约人、钉扣子、买菜（还有做饭洗碗）、给亲戚打电话、帮忙、见朋友、付账单、谈话、买礼物、举行聚会、照顾人、买火车票，等等。

忙碌一点也不难，难的是知道哪些事情不该做。什么时候你不再修改个不停，而是按下发送键？什么时候你不再一直升级完善产品，而是投入市场？什么时候你不再关注小任务，而是去谈那些让你害怕的大项目？什么时候你不再为假工作瞎忙，而是去做真正的工作？

有些假工作很容易被发现，有些感觉跟真的工作没什么区别，甚至有些真的工作根本不像是工作。我们必须把两种工作区别开，选择做真正的工作，这将决定我们如何分配时间。

考虑成效

真正的效率是明白哪些不该做，你才能真正投入你要做的事情中。那么，你该如何区别该做的和不那么重要的？下面的一些方法可以帮助你。

帕累托定律

帕累托（Pareto）是一位意大利经济学家。他在花园里种豌豆，等收获季到来时，他发现80%的豌豆都长在20%的豆荚中。作为一名优秀的经济学家，他发现这样的定律在生活中也是成立的：80%的国家财富来自20%的人口；80%的公司利润来自20%的核心客户、核心商品或服务。

用于工作中：就是 80% 的结果来自 20% 的行动。

你的 20% 是什么？你做的什么工作比其他所有工作加起来创造的影响力更大？如果你花更多的时间、精力和注意力在那 20% 上会怎么样？

如何应用这个定律

邮件

研究显示，邮件可能会占去你一天中 28% 的工作时间。那么，这些邮件中有多少是真正有用的，有多少是噪声呢？在我的"邮件清零"研讨会中，我们发现 80/20 定律在邮件中更像是 800/20 定律：大概每 20 封有用的邮件会对应 800 封不完全没用的邮件——我们称之为"鸡肋"。这些有些用处、有点意思（甚至很有意思）的邮件填满了我们的邮箱，常见的类型有：

- 供参阅的邮件。
- 抄送邮件。
- 群组/全体邮件。
- 办公室公告：厨房里有蛋糕，停车公告，维修公告。
- 不在办公室/休假公告。
- 自动回复。
- 社交媒体的更新。
- 新闻群组。

- 新闻简报。
- 行业动态。
- 营销邮件。

会议

如果我告诉你 33.91% 的会议都是浪费时间，50% 的人认为会议效率不高，90% 的人在会议上发呆，你会作何感想？研究显示，高管平均每周花 23 小时开会，其中 7.8 小时是毫无必要且组织混乱的，相当于每年浪费了两个月时间！

在大卫·格兰迪（David Grady）幽默的 6 分钟 TED 演讲中，他说：

> "每天，我们都允许好心肠的同事从我们那里偷走一些东西……我认为这是一种全球流行病，叫作 MAS（Mindless Accept Syndrome）：盲目接受综合征。其典型症状是日程中每弹出一个会议邀请，我们就点'接受'。它像条件反射一样不由自主：叮，弹出来，点击接受；嗒，它就在你的日程上了。"

哪些会议是你可以谢绝的？你可以把决策权下放给谁，而不是去监督会议情况？"这是一些参数，我相信你，做好决定后通知我就行。"

问一问：会议的目的是什么？你需要我做什么？

大卫·格兰迪提出，当我们经常有礼貌地告诉别人，我们想帮助他们更好地实现目标，他们就会思考是否应该发出会议邀请了——我们也可以在要不要接受它们时多想一想。如果你只需要参加半场会议就够了，你能不能提出只参加半场？如果你要组织一场会议，你能不能把人数范围限制在务必到会的人上？有时候，你是不是可以说"别开会了"而只是分享信息，或用另一种方式做决定？

市场营销

你是八面玲珑，还是专注于自己的特长？你是用有针对性的营销方案，还是使用"横扫千军"式的方法？你大部分的客户来源于何处？你怎样能够专注并做好这些工作？为专注做好这些工作你需要放弃哪些工作？

想法

"天才是 1% 的灵感和 99% 的汗水。"

托马斯·爱迪生（Thomas Edison）

有想法是很好的。但是，只有当我们实践它，并真正去努力创造价值时，想法才是伟大的。对每个想法都认可或许很有趣又令人振奋，但是这样肯定会让你精力不足，没法做好任何一件事。

正如作家塞斯·高汀所说："你是否总是有一连串的想法？重要的是成为实践想法的人。"只有当你实现了想法，它才有价值。你该对哪些还不错的想法说"不"，而去全心全意地实践那些最棒的想法？

分配

你有多少时间花在做别人也能做的事情上？你是否为此牺牲了做其他事情的时间？

"行动"与"活动"

行动让你前进，活动让你忙碌。回想一下你上周做过的事，有多少让你向着目标又迈进一步？有多少只是让你白忙？看看你的待办清单，有多少是行动，有多少是活动？你能分清两者的差别吗？

有些活动也许对维持正常运转很关键——你的日常工作、完成现有的任务、保持常态。但是如果你更大的目标是促进整个企业发展、开拓新市场、获得升职或者取得某项资历、成为自由职业者或者工作更轻松，你的行动应该要有助于更贴近目标。

你也许不能完全避免活动（其实也不需要），但是如果你真的希望取得进步，也许你需要削减一些活动，采取真正有用的行动。

你花了多少时间在保持现状上，而不是进步？

名字的意义何在？

项目名字可以帮助我们确定值得做的事。你是不是总给项目起很常见的名字，像是"网站""推广"或者"管理"？这对你的注意力、清晰度和动力有什么影响？给项目起这种通用名称会带来四种问题。

1. **没有明确的结果**。你怎么知道它是不是做完了？如果没有终点线，你就很难集中注意力，很难有完成的喜悦甚至进步的感觉，因为你都不知道自己做完了没有。

2. **项目变成了垃圾筐**。没有清楚的定义，像"网站"这样的普通项目很容易成为垃圾筐，只要沾点边的任务、想法和创意都往里丢，但它们实际上没有一个共同的目标。这意味着你要么会忙得像无头苍蝇似的做一件件事，要么太累而关上这个项目的大门，开始做别的更容易的事情。

3. **有太多项目蔓延的空间**。你准备做一个简单的网站来展示自己的才能，然后你觉得需要加一个博客、一个购物车……加入社交媒体功能。这样你又要重新打理你的推特账号……那品趣志（Pinterest）呢？也许你还想加入一个互动式论坛让人们参与，还应该有几个视频……这些都是好主意，但是与项目发展的规模无关：如果你不开始做，如果连一个简单的网站都没有，这些就都是无用功。

4. **太无聊**。一般的项目名称感觉太无聊、沉重、严肃，像数学作业一样，像件苦差事。光想一想就让你头疼，想找办法拖延。

这就是为什么我把我的管理项目改名为"引擎室"。管理工作只会让我想要跑上 1 千米，而"引擎室"会提醒我这些事情将让我的企业正常运作。也许它并不有趣，很辛苦，但是如果我希望继续经营企业，它确实是必不可少的。这让我有动力卷起袖子开始投入客户和文书工作中。

你呢？你是否有一些普通常见的项目？想象一个积极、理想的结果。选择一个让你激动的名字，要清晰、果断、好玩。看看这对你的动力和注意力是否有影响。

这些都是我见过的很不错的项目名：

- 重新占领客厅
- 甜蜜之家
- 享受圣诞
- 重振团队精神
- 让萨莉笑起来
- 美好的工作场所
- 让船游得更快

写写你的项目名：

....

完美主义者的诅咒

"最后一分钟几乎都不是最有用的。"

格雷厄姆·阿尔科特

完美主义者的诅咒在于，我们知道完美是什么样的，但是几乎永远达不到，而足够好是可以达成的，但是有点难以定义。足够好与近乎完美之间的距离，就是真工作变成假工作的领域。思考变成了思虑过度，分析变成了过度分析，写作变成了多余写作，检查变成了过度检查。

但是，我们很难分清这两者，因为我们越努力，就离完美越近；但是越接近完美，就需要更多努力去换取更少的价值，值不值得是我们自己决定的。我需要花上一整天把它弄得很完美吗？还是我可以花上一半的时间做得很好，然后就开始做下一件事？

运动员可能会花很长时间打磨他们的体育技能，但是他们其他事情就做得远没那么好。我们可以在一些事情上取得超凡的结果，但是在其他事情上就要接受平凡的结果。我们可以在一些特定的事情上做得很出色，但是不需要每件事都达到金牌标准。有些事情得银牌、铜牌甚至普普通通地完成就行。

你来选择。

少即是多

好的编辑和设计师都明白，他们删减某些东西，就是为剩下的东西提升价值。语言精练往往更能振聋发聩；慢慢喝一杯茶可能比一场盛宴更令人享受；做好一件事，可能比匆匆忙忙、马马虎虎地做 100 件事更强；一封 5 个句子的邮件，比一篇洋洋洒洒的文章更容易阅读；一个 3 分钟的视频比一场 3 小时的演讲更容易让人记住。在拥挤不堪的生活中，我们更渴望拥有空间。

新常态

当别人问"近来如何"的时候，我们回答"很忙"已经成了常态。我们不断抱怨着忙，但又不愿意不忙。这也太奇怪了。

你上一次听到某个人不怎么忙已经是什么时候的事了？有谁会有很多时间，万事顺利，可以慢慢来？为什么我们害怕不忙？不忙是什么意思？是说我很懒还是做得不够？会不会有人来给我更多的工作？

对于经营企业的人来说，忙更是成功的标志。忙就说明你被需要，说明你肯定有些事情做得很好。如果你不忙，你肯定是做错了什么：是不是你的产品不好？是不是你的服务有问题？是不是你忽视了营销？

对于那些在忙碌的公司工作的人来说，承认不忙会让你收到更多工作。你现在挺悠闲是吧，太好了，去帮萨莉做她没完成的工作吧！更糟的是，有人开始问你是不是在公司不受重视了……

我们甚至会在某人不忙时感到愤恨——他们没有尽全力。我们都在受苦受难，他们应该更负责一点，对吧？

我们用忙碌来衡量价值。忙碌本身跟被需要、被需求有很强的联系。其实，我一定程度上也享受忙碌，这让我感觉自己很有用。

我们用忙碌来评价是否该做这件事——我们更容易接受说："对不起，我太忙了"而不是"谢谢，我不想做"。

我们会为自己正在竭尽全力而感到满意，因为我们很忙，做不了其他事了；又或者因为我们过于忙着迎头赶上而觉得自己很失败。

忙碌是很好的工作态度，而那些不忙的人就很可疑了。

忙碌是成功的途径，但也是我们不作为的借口：回避需要处理的问题；身体不舒服却不休息，也不去预约检查；不去休早已请好的假期；不去跑步、游泳、散步；不与伴侣、老板或孩子进行艰难的谈话；不去及时止损已无法成功的项目；不愿放弃已经不适合与你合作的客户；不愿意无情地说"不"……

我们都知道需要做什么来缓解压力、保持健康，但是我们不愿做，因为我们太忙了。美国心理学会（The American Psychological Association）2010 年的报告《美国人的压力》（*Stress In America*）发现：

> "总之，美国人已经意识到他们的压力大到超过了健康水平。成年人能理解健康习惯的重要性，比如调节压力、吃健康食品、保证充足的睡眠、运动。不过他们说自己很难做到，而太忙是不能很好地调节压力的首要原因……"

麻省总医院（Massachusetts General Hospital）的苏珊·科文（Susan Koven）博士在 2013 年的《波士顿环球报》（*The Boston Globe*）专栏上写道：

> "在过去几年，我观察到了一种流行病：病人的症状完全相同，包括疲惫、烦躁、失眠、焦虑、头痛、烧心、肠胃问题、背痛、体重增加，这些问题没有办法用血液检查或者 X 光查出，但症状却显而易见，这种病就是过度忙碌。"

你的工作中有这种情况吗？

你是否崇拜那个待到最晚、工作时间最长的人？你们是否有一种无形的竞赛，比谁的待办清单更长？对那个干活最多的人，大家是否会感到同情，但又觉得很重要或者很可敬？

你是否偷偷（或光明正大地）认可那个什么都应承下来的人？你是否默认着"如果你想做点什么，就给那个忙的人做"的规律？

你的工作环境中是否有一种隐形的"回家最晚了不起"的文化？

为什么不彻底改变这样的状况？表扬在最短时间内干活最快的人，而不是花时间最长的人，让大家在效率高的时候可以自由提早下班。用效率和结果来衡量工作，而不是拖时间。

小贴士

在开始一天的工作之前就列出今天该完成的工作，给自己一个简短的封闭式清单。当你做完时，就不用再工作了。无论还剩多少时间，你都可以自由支配。如果你还想做更多不是今天非做不可的事，就把它当作额外的奖励；如果你想休息，也带着完成工作后的心满意足去休息。

假工作

有些假工作很容易被发现：浇花、盯着空气看、翻弄表格、设计新的对折宣传单页、花几小时读没用的邮件。

有些好像真的是挺辛苦的工作，而且也确实辛苦，但也就仅此而已。这些工作并不会让你加快脚步，而只是团团转；它们只会让你更忙碌，不会让你向前走。

假工作包括：

- 不给客户致电，而是去设计新宣传单页的第五个版本。
- 完善你的名片而不是去拓展人脉。
- 做更多研究，而不是提交应该提交的产品。
- 修改字体或者重新阅读一次，而不是点击"发送"。
- 来回发邮件，而不是打电话。
- 说着不着边际的话，而不切入正题。
- 建另一个 Excel 表模型，而不是去拉投资。
- 开会，而不是做出决定。
- 在其他同事的问题上发表自己的观点，而不是去做自己真正该做的事情。
- 短暂地搞定一个问题，而不愿认真倾听他人的意见。
- 花太长时间进行事后分析，而不愿快速解决问题。
- 重写待办事项清单。
- 列出要打电话的人的名单。
- 分析该给谁打电话（然后你就没时间打电话了）。

丢掉假工作——消除诱惑

我的朋友，效率忍者之王（Chief Ninja）格雷厄姆·阿尔科特有一个理论：高效是两个不同的你之间的战斗，一个是懒惰、头脑混乱的你；另一个是聪明、有动力的你。懒惰的你唠唠叨叨、让你分神，诱惑你、让你疲惫，但是聪明、有动力的你可以对那个懒惰的你报以重拳，让懒惰、头脑混乱的你缴械投降。这些就是：

● 在工作时关闭你的脸书账号，或者安装一个社交媒体屏蔽器，它可以帮助你抵挡很多诱惑，让你在白天不刷。

● 关掉手机和电脑桌面上的邮件通知，可以帮你抵挡很多"滴滴"的提示音。

● 把手机放远一点充电，买一个旧式的闹钟，这样可以消除把工作带到床上的诱惑。

● 设立一个最后期限并告诉其他人，你会对你的诺言负责，这是应对拖延和完美主义的好办法。别人给你设定的最后期限比自己的更真实、更有力。

● 把工作分配出去，即使你喜欢这些工作，也要控制自己全部都做完的冲动。如果你花钱请别人来做，你就不太可能加倍工作。

准备为什么变成了拖延？

因为它取代了工作，而不是为工作做准备。

作家珍妮丝·霍顿（Janice Horton）描述了她的写作拖延症：

　　"我发现我总是在走向书桌的路上就已经分心了，总是把其他工作摆到前面（往往是做饭、家务）而不是我该做的事（写书）。好像我需要先把其他事情做完，才能'放空头脑，清理书桌'，然后集中精力写作。一般到了那个时候，我已经身心俱疲了！"

　　清理头脑和空间来工作，这确实是一件有用的事。但是如果它取代了你的工作就适得其反了！事实上，你会一直有事要忙，总有下一个任务、下一个要打扫的地方、下一个要记住的事情、下一个要回的邮件。如果你等到所有事情都办完才开始写作，它永远都不会开始。

　　对于邮件、会议记录和其他同事帮忙的请求也是这样，如果你需要等到这些事情都做完才开始自己的工作，那么你永远都做不完。如果你要研究到感到自信才汇报，你永远都不会有把自己的想法告诉老板的机会。

　　技巧是：限制准备的时间。例如，给自己 15～30 分钟收拾东西。这能让你在这段时间准备好必备物品（比如纸和笔、电脑、一杯茶、处理好紧急事情），并区分什么是可以稍晚一点再做的事情（比如下周开会需要的报告、打电话给银行、回邮件）。如果有必要，可以使用计时器。

　　记住，准备可以让你更好地工作，但是拖延会让你做不成工作。

真正的工作

就像假工作有时感觉像真工作一样，真正的工作有时一点也不像工作。很多时候，让我们忙碌的是，我们不给自己时间去做这些不像工作的事。

思考时间

一位研讨会的代表曾说："我总觉得停下来思考是浪费时间，我应该直接开始做事。"但是，通过思考，我们才能定义工作，决定工作是什么、什么时候做、为什么做以及怎么做。思考可以决定一天是非常高效，还是只是忙忙碌碌；可以决定你做的是有意义的工作，还是无意义的杂活；可以决定是你主宰工作，还是工作主宰你。

"充电"时间

不论你是在休息、娱乐、放松还是发呆，只要这件事能让你"能量满格"，再次开始高效地工作，这都是你应该腾出时间来做的事。作为人，我们都需要休息，不能一直工作。大脑会无聊、会疲倦，精力也会随之分散，我们不能再维持最佳状态，不能进行策略性、逻辑性、创造性的思考，而只是在赶任务。

问题是，休息会让我们感觉自己效率不够高。我们潜意识里会认同忙碌文化，认为休息就是偷懒，会因此感到内疚。史泰博公司（Staples）对职员和经理的研究显示，虽然大多数员工（86%）承认休息让他们更高效，90%的雇主说他们鼓励员工休息，但是超过四分之一的员工除了吃午饭都不休息，而原因是他们感到不好意思。

问愚蠢的问题

我曾经痛恨问问题，担心自己出洋相，浪费人家的时间。现在我学会了问"我能问一个愚蠢的问题吗?"，别人总会说"可以"。很多时候，这个问题根本就不愚蠢。这个问题至少让我清楚了一件事，而不是一直糊涂着。有时候，最显而易见的答案反而是帮了大忙的答案。

让其他人慢慢做，做不好也没关系

当我的孩子们坚持自己做一些事——系鞋带、系安全带、够麦片盒时，我必须承认，我有时会忍不住想替他们完成，特别是来不及的时候。但是我让他们自己做的时间越多，他们学的就越多，独立性也就越强。正如我丈夫所说，父母的最终任务是让孩子们学会什么事都自己做。分配任务也是这样，一开始，让其他人慢慢摸清门道会很让人痛苦，如果大家可以各司其职，你也就可以做只有你能做的事，这当然很好，但达到这种状态需要时间。

留白时间

当时间不够时，我们往往把日程表塞得满满当当，一个缝儿也不留，就好像航空公司为了省钱，让乘客挤得像罐头里的沙丁鱼一样。留白听上去太低效了，但是，留白让我们有空间调动日程、想出策略，以应对突发事件。留白恰好能帮助我们在这个快速变化、难以预测的世界中保持高效。如果你坐过那种挤成沙丁鱼的航班，你就知道一点喘气的时间可以让我们的生活质量大大提升。

行事方式也很重要

如果你是一名教师，你在课堂上的行为表现会影响到你如何激励那些孩子，以及你会成为什么样的榜样。作为一名演讲家，你带进演讲厅的能量和演讲的方式会影响听众的收获。你的行事方式与工作内容同样重要。你带来的价值、你的心血之作、你的即时影响和你最后给听众留下的印象，都取决于演讲的内容，也取决于你作为演讲者的表现。

行动和结果

我们做的每件事都有两个附产品：一是我们正在做的事情，二是我们致力于建立的大业。比如，答应做一份工作将奠定你在该行业的声誉；你每做一项工作，都会积累你的声誉。这是你希望建立的职业通道或者事业发展方向吗？

这个问题你要回答很多次，才能最终找到答案，从而形成一种惯例。这让你更容易成为公司的万事通——大家在谷歌搜索之前，都会先问你。周日下午回邮件可能只是偶然的事情，但这会给人一种周日下午也可以联系到你的印象，于是人们开始抱有期待。每一种行为都会成为习惯，当个人的习惯综合起来，就形成了公司的文化。

回避的艺术

回避行为：花大量时间做很多不重要的事情，而不是你该做的事情。

剑桥在线词典

承认吧，你我都有这样的时候：快速查邮件、跟人闲聊几句、到隔壁办公室或者隔壁桌串门、制作清单、泡茶、改变清单、调整字体、装饰一下、改变想法、开始项目、给文件排序、把它们放下、再泡一杯茶、检查手机、查邮件、再次查简报、看看是不是跟之前一样……

人们说，战斗或逃跑是身体对于压力的回应机制，我认为僵住和回避也是回应机制的一部分。当工作量太大时，我们的回应就是回避。我们在忙活，因为我们不能忍受自己什么都不做，但是做正事又太痛苦了。

有时，我们需要的是停下来，不要回避：关掉脸书、关掉网络，把杂志收起来，把手机关掉，把自己关进一个房间，告诉朋友在你完成工作之前不要跟你说话。

不能自欺欺人，我们不可能 100% 的时间都是高效、高质量的状态，我们也不应该这样。

真正的效率是利用高峰也利用低谷，而不是一直表现平庸。

如果我们真的要回避，也要掌握回避的艺术。

高效拖延

有时候，盯着屏幕当然不算是工作，我们的大脑需要休息。如果你想拖延，就好好拖延。

同时做两个项目

我的朋友玛丽安经常同时做两个项目。一个项目太无聊做不动了，她就做另外一个。她的思维猴子很开心，因为它认为她在拖延，而另一个项目也是避开工作的游乐场。当另一个项目感觉太像正经的工作时，她就回到第一个项目。她在两个项目之间不断切换，从来不觉得她在强迫自己工作，而且总有进展。

挑选、组合

我很喜欢我丈夫在家里工作。像奇迹一般，家里拖了几周的家务突然都做好了：门把手修好了、灯泡换好了、汽车零件下了订单、草坪修剪过了……（可惜，起居室地板的边缘没有打磨好。）因为当他拖延工作时，他总会找些有用的、不太难的事来做；这些事很快就能完成。如果大脑很疲倦，他总会干点体力活。

在大项目和小任务之间转换，或者做不同类型的任务，可以让人非常高效。如果我花了很多时间码字，然后希望与人接触，我突然就有动力去打我之前不想打的跟进电话了。如果我需要从重脑力劳动中解脱，那么做点无需动脑的文书工作就很好。如果盯着 Excel 表格太久从而使大脑一片浆糊，那么出去走走，想点事情，正好能让我恢复清醒，恢复注意力。如果大脑今天罢工了，那么提前准备好这周要吃的食材会让我觉得自己简直太贤惠了。

秘诀是，把你需要做的小任务放在手边，或者把工具箱放在桌上。在清单中使用"@ 思考"或者"@ 不用动脑"把这些任务分类，在你需要时可以随时看到，而不是去刷 YouTube 上的无聊视频，或者跟你的同事聊起足球赛和大选结果。

你的振奋清单

当感觉受够了，你该怎么办？当看见清单就烦，你该怎么办？当身陷瓶颈，三心二意地干着活，但是既不算在工作也不算在休息，你该怎么办？你是否曾强行把自己按在桌前，却盯着屏幕一小时啥也没干？还是说，你可以做点放松的事情，让你恢复工作状态？

　　我鼓励客户做一件事：创建一个能让自己振奋的清单——列举一系列你做了心情会变好的事情，它们能让你充满动力，愿意重新开始工作。

　　这些可以是大事也可以是小事。实际上，我认为小小的放松就很有效。除了下面列举的，还有很多其他例子：

　　音乐：我有一个令我振奋的声田（Spotify）歌单，这些歌会让我笑容满面，摇头晃脑。就是那种在开车的时候听能够让你感觉飞驰（可能会开得更快一点）的音乐。

　　新鲜食物：不要总吃垃圾食品。当我感觉疲劳或者想慰劳自己的时候，我会跟着超市店员，看他们给蔬菜水果打减价的标签，然后买很多新鲜蔬菜做汤。每一次把它们放入购物篮，我都会心情舒畅，吃了之后心情更好。同样地，虽然我很喜欢咖啡，但喝水才能有效地激活脑细胞。

　　出去转转：散个步或者跑个步，或者只是出去呼吸下新鲜空气。有一个星期，我们那里又是暴风雪，又是洪水，又是龙卷风，好不容易有一个时刻，阳光照在院里的篱笆上。我伸出头去，照着太阳，闭上眼睛，像迪斯尼的《机器人总动员》中的机器人瓦力一样，好好晒了一下。谁知道在英国的二月中旬，居然还能晒到太阳呢？

　　活动：对我而言，主要是跟人说话。我是个外向的人，跟人聊得开心就会马力加足。因此，我喜欢在需要提神的时候给朋友打电话，或者联系一下我没见过的人——博主、作家或 TED 演讲者，以寻找灵感。比起盯着空白的屏幕，放松一下、读一会或者听一会我感兴趣的东西可以让我更好地思考。

那你呢？你喜欢做什么事情？不要等到你需要时再去想，那时候的效果会不好。现在就写一个清单，之后想到什么再添加，当你需要时，就可以马上去做清单上的事情。不要总是等到需要放松时才去放松，现在就做。

浪费的时间

"做自己喜欢的事情，不算浪费时间。"

伯特兰·罗素（Bertrand Russell）

这句话是我有一次在商店看到的。有时，让我们一直忙忙碌碌的，是担心浪费时间的内疚感。

但是，如果我们真的享受这段时光——无论是在做白日梦、打瞌睡、聊天还是啥也不干——它都能让我们恢复优质的、有价值的、有意义的工作的能力，这样就不算浪费时间。

时间只有花在对我们有价值的事情上，才不是浪费。什么是高效？如果不是在做重要的事情，那还算高效吗？

如果我们做了很多对自己不重要的事情，会感到满意吗？

如果我们跟很多人见面，但是不记得说了些什么，这有意义吗？

如果我们挣了很多钱，但没来得及花，这有价值吗？

如果我们有时间（我们确实有），但是从来没有享受它，这又是为了什么？

当你结束一天的工作，不要问自己"我今天做了什么"，试着问问自己：

"我为什么而感到自豪？"

"我享受做什么？"

"我做什么会觉得有滋有味？"

"我感激什么？"

"什么能带来不同？"

"什么能让我感到惊讶？"

"哪些时光是最为重要的？"

没人能告诉你，对你而言什么是假工作，什么是真工作。只有你自己知道。真正的工作能滋养你的灵魂，给你满足感，让你觉得在做一件对你很重要的事。假工作让你疲惫不堪，偷走你的时间，让你得不偿失。

你的世界，你来做主。你的时间，你来分配。

你是否觉得自己太忙？你有多少时间和精力花在了假工作上，又有多少花在了真工作上？

牛刀小试

你怎样处理忙碌的问题？

我为什么忙碌：

....

我们公司如何看待忙碌：

....

我可以做这件事情来改变：

....

考虑成效：

我的 20%——这里我做出的最大成效的事情：

....

让我前进的动力：

....

让我忙碌的活动：

....

我可以少做点什么？我可以不做什么？

....

....

这周我可以不做/分配给别人的事情：

....

....

"假工作"和"真工作"

我需要注意的假工作：

....

....

....

减少做假工作欲望的绝招：

....

....

....

....

需要腾出手来做的真工作：

....

....

我会做这件事来为真工作腾出地方：

我的振奋清单（如果我要拖延，我也要好好拖延！）：

第五章

实战手段：
世人低效，我独高效

在理想的世界中，我们可以完美地安排事情，知道要做什么，100%集中注意力，做完事情，回家。在现实中，我们需要处理和应对其他人的优先事项、日程、期望、延误以及最后关头的紧急状况。我们可以通过什么样的对话来设定期望并影响他人？我们该如何提升自我，敏捷冷静地处理事情而非束手无策？

在实际生活中，没有人在一座孤岛上工作。我们与他人共事，依靠他们才能做好工作：同事、顾客、供应商、合作伙伴、老板、员工、利益相关方，每个人都有自己的事情、优先级、时间表、期望和工作方式。我们需要应对不完美的状况：项目截止期从一开始就太紧，应对不了的紧急事件，不在计划内的延误，突发事件和无法控制的变化。

我们可以使用哪些策略，让每天的工作更好？我们可以经常使用哪些不常见的对话以保证大家齐心协力，而不是往不同的方向拉车？我们该如何应对错误和突然的麻烦？

日常策略

你可以专注、有条理，但是其他人呢？这里有一些日常策略，可以改善工作效率。

请勿打扰

"不好意思，你现在有空吗？"实际上，我现在没空，但是你已经打断我了，"有空，什么事？"你会回答。

开放式办公室对于合作、社交、建立关系以及创造活力四射的办公室很有效，但是也可能是专注力的第一大杀手。问题在于，别人看不出你什么时候有空，除非你能用眼神传达这个信号——就算这样，你也得在别人开口之前就阻止他们。我们以前都在不同的办公室工作，可以把关门当作信号，但是现在都是开放式办公室，我们就需要其他方法了。

伊莲娜，Think Productive 公司的首席运营官（COO），她不希望别人打扰的时候会在桌上放一只瓷猫。她把猫放在桌上的意思是"我需要集中注意力，除非有紧急情况，否则请待会再来"。当猫不在的时候，她很高兴别人来找她。也有人用耳机、交通灯、信号旗、指示牌甚至躲在盆栽后面作为信号。

关键在于沟通。如果你希望同事掌握读心术，知道我们的信号是什么意思，那你就要失望了——同时也会沮丧、讽刺地发现我们需要停下来解释不希望被打扰。不要让他们读心，告诉他们有时候你需要单独工作，就算硬要找你，你能给他们的建议或关注也不会是最好的。告诉他们你会使用的信号，而不是让他们猜，向他们保证有些时候来找你是没问题的。你可以说："如果大楼起火了，请务必打断我！否则，当我戴上耳机时，请先别跟我说话，待会再来找我，行吗？我不戴耳机的时候尽管来找我。"

你可能会发现，其他人也会这样做。我们都有不想让别人打扰的时候——你可能在办公室里引领潮流了呢！如果你发现别人不太适应，给他们一些时间。要经过不断练习，人们才能习惯新的工作方式。不要因为别人说"我忘了"就灰心了，有些人总是需要多花点时间去适应。

当你需要专注时，还有什么其他方法可以当作"请勿打扰"的信号？

小贴士

如果是内部信息系统，比如 Lync，你可以把状态设置为"请勿打扰"，这样你还是可以发送即时消息，但是其

他人不能跟你对话。如果你希望某些人在请勿打扰状态下还能联系你，你可以把他们拉入"工作组"中。

隐身与掩护

也许有时候你想躲一躲，而不是在桌上放"请勿打扰"的牌子，那就得使用一些好的躲避手段。

离开办公室或者办公桌可以给你更多空间，如果有很多共事的人，这是你集中精力做自己的事，不用跟别人说话的唯一方法。这点会在第六章再提到，我们都需要独处也需要与他人共处。那么，你可以在哪里躲藏和隐身？在会议室、自己家里，或者另外一个办公室？在咖啡馆、艺术馆，或者当地图书馆？

当然，如果你要离开，最好还是跟其他人保持联络，让他们知道发生了什么。否则，如果你很难联系上，这可能会造成麻烦，变成公司内的捉迷藏了。

忍者大师格雷厄姆·阿尔科特曾经发过一封邮件告诉我们他会闭关一周写他的书：

各位好：

我谨此告知各位，下周我需要闭关写作，完成《高效简介》的大部分内容。

因此，我会关闭社交媒体、邮件和手机一周。

如果你需要联系我，我这周都在。

3月3日（周一）起，我会恢复正常联系。

格雷厄姆·阿尔科特

敬上

　　他没有直接消失得不见人影，而是选择告诉我们，让我们提前去找他。如果需要商量什么，我们可以在那之前跟他商量。那时候我正好有事找他，本来我可能会等到下周才去，但是既然收到了通知，我就在他闭关之前跟他约了个时间，这样既没有耽误我的事情，他也可以不受打扰地写作。

　　一段时间不用社交媒体也是一种"隐身衣"和"遁形术"。格雷厄姆掌握它之后，他在斯里兰卡的沙滩上完成了大部分的"忍者"系列写作，但我没那样的好运气。我刚刚出版的书大多数是在餐桌上和咖啡店写的，在天气没那么晴朗的史塔福，在孩子、客户和其他事情中间平衡。

　　我"隐身"的方式是切断网络：关掉邮件和社交媒体，把手机设置成"请勿打扰"的模式（我很喜欢 iPhone 的这个设计，这样一来，我还是能收到孩子和丈夫的电话，但是不用接其他电话）。我甚至使用社交媒体作为监督工具，宣布"接下来一小时啥也不刷，专心写一章"，因为大家会看到我发布的时间。眼尖的人看到我上线了，就会逮住我。这在 Lync 和 Skype 之类的即时通信工具上也好用："10 点至 12 点需完成项目 X，请下午联络。"

每日一会

Think Productive 公司的总部团队每天 9：40 会开 10 分钟的会，问对方：

- 你有什么好消息？
- 你在做什么？
- 我们的数字和指标如何？
- 我们的困难是什么？
- 我们明天打电话可以吗？明天有人不在吗？

这样开一次会很有用，可以提醒大家什么是最重要的，鼓励大家进行良好的沟通。大家往往会提出要注意的棘手问题和需要更多讨论的问题，也会发现合作的机会，以及谁需要帮助。

日常议程

葆拉是我们的客户满意度调查与后勤部经理，她会处理很多研讨会的预约。当我想查看某个研讨会预约时，我可以给她打电话或者发邮件，但问题是她还管理着其他研讨会。如果我们都给她打电话问研讨会的事，她就没法工作了。

因此，我有一项日常工作议程是留给葆拉的。我们大概每周会打一次电话谈谈我的所有工作，看看她有没有问题需要我回答，是否需要更多信息，或者是否需要我联系什么人。她负责告诉我她是否需要我在电话前处理任何问题。

当你与某人在工作上密切合作时，你很容易养成一想到的问题就问他们的习惯，而你们就会不断打扰彼此的工作。

其实，你可以写一项议程，把所有要讨论的东西写下来，然后请对方也这样做。这样，你们就不会一直打扰对方，可以一次性把所有想问的问题问完。

你可以和谁使用日常议程？你可以对谁提议这一点？

项目的跟进

我们为什么需要跟进会议？重点是什么？最糟糕的是当每个人都自说自话——每个人都只是花一点时间进行所谓的跟进，讲一讲最近在忙什么。这种跟进会议有什么意义呢？

《高效项目》的作者佩妮·普兰博士（Dr Penny Pulla）说：

> "最高效的项目跟进是双向交流，而不是公布信息。会议要确保大家知道必须的信息，并能给出反馈。没有糟糕的突发事件。首先，你需要明白，你在跟进谁。你的项目成功对他们有什么意义？他们的沟通需求是什么？"

会计师对成功的定义跟市场营销部主任可能完全不同，他们想要知道的也不同。大家有不同的偏好，这取决于他们个人的行事方式和参与度。某个人可能希望每周都进行详细的汇报，另一个人可能只希望一个月进行一次简短的会议。了解这些期望的不同本身就能让你更好地工作（不必去猜他人的心思），你的跟进也会更有意义。

沟通方案基本包括以下几个因素：

- 谁需要什么？
- 什么时候需要？
- 以什么形式提交？
- 多久一次？
- 你会记录吗？

当你知道了这些，你就可以了解一次跟进是怎么样的——比如，一次非常简短的跟进，一次比较全面的跟进，或者视觉跟进。

简短的跟进

- 我们上周五、上周完成了哪些工作？
- 我们现在在做哪些工作？
- 请帮助我们做……
- 你有什么问题吗？

全面的跟进

- 进展：已经做完的工作、正在进行的工作、改变的工作、下一步的工作。

- 影响：对你的意义是什么。
- 请求：我需要你做/请帮助我们做……
- 下一步：之后的分工计划。
- 问题：你有什么问题？
- 下一次跟进：已经定好时间/现在决定时间。

视觉跟进

你的跟进可能不会全是文字。有时候，视觉化的内容比冗长的文件或会议更有效。比如，伦敦 2012 年奥林匹克运动会的跟进就只有一张 A3 彩打纸，上面显示不同项目的进展，使用红、绿、黄三色跟进每个项目：红色（严重问题）、黄色（需注意的潜在问题）和绿色（根据计划进行）。

除此之外，你还可以怎样进行跟进，并邀请大家提问题？3 分钟视频？边散步边谈？使用内部客户/项目管理系统？

不寻常的对话

我喜欢研讨会的一个原因是，每当讨论中出现新的观点，大家不仅仅是根据自己的习惯进行思考，而是从不同角度来考虑，作为一个团队大家如何合作。以下是我们研讨会团队最重要的心得：

我们需要放弃什么？

"大家听好，我们有一个新客户/项目/机会……"

新机会、新客户、新项目、新想法总会出现，回顾和设置新的预期是每天工作的一部分。"工作永远做不完"可能是我们都挂在嘴边的，我们会经常提出放弃吗？我们会刻意地（跟自己或者团队）提到应该放弃某些事情，为实际想做的事情腾出地方吗？

我最喜欢的一句话是：

"如果你不扔掉过去的垃圾，你就无法触及新事物。"

路易斯·史密斯（Louise Smith）

纳斯卡赛车手，被称为"赛车女王"

但有时，我们手里的也不是垃圾，可能是一个卖得不太好、不太赚钱的产品，一个以前没有失败但近期也不会取得成果的项目，或者是你做过的一个推广或活动：过去你一直在做，但是已经不符合现在的情况了。

我们该扔掉什么？我们该对什么无情一点？

我们多大程度上创造、促成或者强化了这一问题？

你是否总在破釜沉舟地工作？你是否经常做"救火"之类的工作？有时，我们接受了一些事情，但是不会仔细去想。

在跟团队一起经营研讨会时，我很高兴看到团队有时突然恍然大悟，发现问题不是"我们怎么应对没完没了的工作"，而是"我们多大程度上造成了这样的局面"。

当一位销售部门的领导勇敢地说出"没错，我们确实总是在花时间追逐 80% 的无效客户，而不是关注重要的 20%"时，其他的团队也开始畅所欲言，纷纷反省自己团队的关注点。

网页设计师意识到，虽然她的客户总是把事情拖到最后一秒，让她心烦，但她可以与客户进行必要的交流，提前计划，积极管理客户，给他们一点敦促。这让客户的项目管理也好多了，他们会说："谢谢提醒！我一直想跟你谈这件事"，这样她自己的计划也得到了改善。

一位部门主管意识到，他寄出的每封邮件都会造成内部更多的混乱。每当他在工作以外的时间回邮件，他会给人一种自己那时也会工作的印象，让部门其他人也有了同样的压力。

是什么正在影响你或者你所在团队的效率？你们是否自己给自己制造了问题？是否形成或者延续了自己的习惯？搬起石头砸了自己的脚也有一个好处，就是你本人就能解决这种自己造成的问题。

你需要/想要我来做什么？

如果大家都来找你帮忙，你该怎么办？你是否成了认识每个人、知道每件事的"万事通"？你是否需要参加每场会议去解决问题？大家是否总是依赖你去解决疑难杂症？你是否成了大家的咨询师——那位总是让人保持理智、获取安慰的人生导师？或是那位大家寻求方向、决定和权威的领导？

其他人需要帮忙的时候来找你，这会让人感到很高兴，甚至是种光荣，但是如果你本身的工作量也很大，就会让你很麻烦。

一位大学老师曾经告诉我，他们学校的院长门前总是排起长队，挤满了需要寻求他的专业意见、决策、权威或者影响的人，还有希望他帮忙解决问题的人。在让他们进来之前，院长总是先问两个问题：

- 你想要我做什么？
- 你已经在这方面做出了哪些努力？

他需要确保他们已经做了一定的工作——有一个很清楚的问题，有一个目标和方向的解决方案，而且已经做了自己能做的事。这可以保证他们关注找解决方案，而不只是诉说一个问题。这也提醒他们自己要为找到解决方案负责，而不是把问题丢给院长。后来这件事广为流传，大家知道院长会问这两个问题，所以他们在去办公室见他之前，无论是寻求他的权威、影响力、见解、支持还是通过预算，都已经清楚他们希望院长做的事。

同样，总是收到这些问题，也会让人头痛不已。有一次我为一本知名刊物写了一篇文章，后来打电话给格雷厄姆寻求意见，他很直白地说："你想要我做什么呢？你是希望我从 CEO 的角度告诉你这篇文章是否反映了我们公司的情况？还是你只是对自己的观点不太有自信呢？"这个问题让我大笑出声。他说对了，我其实只是对自己的文章不太自信，我希望他来肯定我的观点。有一瞬间，我对自己的判断力产生了怀疑，就需要熟悉我、熟悉我的写作风格的人告诉我："别担心，相信自己，没事的。"其实，也确实没事。

你是否打算做这件事？

"瑞秋，你会不会更新这本宣传册？"

"没错，戴维，它在我长长的待办清单上的确有一席之地，但是我要先做这些事。"

"好的，我就是想知道你是否有这个打算。"

有时，你可能觉得不是每件事都是马上要办的。当有人给你一份客户名单要你去联系，或者提出他们对你项目的想法，或者想要你考虑某件事时，你可能感觉他们只是又给了你一件工作要你去做而已。他们是否想让你马上联系客户？你需要回复吗？你需要汇报，让他们了解相关情况吗？

为了避免含糊，方便行事，在需要行动时你应该清楚地说："你可以更新宣传册并且在做完后告诉我吗？"不需要行动时你可以问："我也注意到宣传册需要更新，你的品牌项目中是否有这个计划？"

处理错误

我能看出，我的孩子从很小的时候就开始用不同的方式处理错误。一个孩子一旦发现错误就想要改正，另一个则会努力掩盖错误（有时甚至是真的找东西来盖住），不去处理错误。

错误让人不快，但是掩盖得越多，它增加得越快。忽视错误并不会让错误消失，反而培育出了错误增长的温床。但同样地，拼命寻找错误也会衍生出一种羞耻感和责怪的氛围，这自然就让我们更想掩盖错误了。

格雷厄姆告诉我他以前的老板对待错误的观点是："犯错不要紧，只要你承认错误，承担起责任就行。"我非常喜欢这种观点，因为它告诉我：

1. 犯错不是世界末日，犯错之后我们也可以继续生活，重要的是我们下一步怎么做。

2. 处理错误，应该对事不对人。

错误只是一个问题，而人需要解决问题。当我们用错误评判自己，我们可能会花很多精力去维护、掩护错误或为之辩解，抑或认为自己是失败的、有问题的。确实，人人都会犯错，而且犯错一般都有代价。但是无论是一个人学习适应一份新工作，还是公司在新领域试水，错误也是学习的重要一环。

我教儿子骑自行车时，他每次摔下来，我知道他必须再爬上去，而他每次爬上去都会骑得比前一次好。摔跤总是疼的，他能避免吗？不去骑车，不去受伤，直接放弃，这是接受了失败；忽视疼痛，继续骑车，希望他下一次不会摔跤，这是否认了失败；而学习如何更好地摔跤：在你摔倒之前把自行车推开，在松软的地上练习骑车，穿一些护具等，这样受到的伤害最小。失败很讨厌，它有代价，让人感觉糟糕，但是如果我们无法避免或者无视失败，或许我们可以学习如何更好地失败。

更好地失败到底指什么呢？我们可以先找出它的反面。失败并不是心理学家亨利·克劳德（Henry Cloud）所形容的无助的 3P 定律：个人的（personal），普遍的（pervasive），永久的（permanent）。

想象一下，一件不好的事情发生了：电话销售没有成功，产品发布失败，主要客户不满意，或者约会的当晚大吵一架。我们很多人是这样回应的：

1. **认为它是个人的**——这是我的错，我不够好，我是个失败者。

2. **认为它是普遍的**——我搞砸的不止这一个电话，每个电话都是这样。没人想从我这里买东西。我做的事情都不成功。一切都糟糕透了！

3. **认为它是永久的**——我的生活永远都是这样，充斥着失败。

失败确实让人痛苦，但是如果我们把失败变成个人的、普遍的、永久的定律，它会令我们更加痛苦。而且，这样做让我们感到自己丧失了特质和资源——没了信念、勇气、远见、韧性和希望——从失败中恢复，改正错误也变得遥不可及了。

那么，我们应该怎么做？抛弃 3 个 P，想象一下 3 个 C 的策略：清晰（clarity）、控制（control）、关系（connection）。

1. **清晰。** 亨利·克劳德称之为"记录+争辩"法，但是我想改变一下，称之为清晰法：清楚地知道发生了什么，它意味着什么，清楚地认识自己。把你对这件事的所有想法和意义都记录下来，把个人的、普通的、永久的想法记录下来，然后进行反驳。比如：

●一个人不喜欢你的产品，他到底对哪方面不满呢？你可以改变什么？你可以做些什么？对他们来说是失败，对你来说是不是呢？

●一次对话失败了，实际是出了什么问题？到底是什么话招惹了对方？产生了什么后果？当时还有什么问题？

● 这个错误很蠢。我很蠢，这么点事都做不好。这个错误是很蠢还是很简单呢？是怎么发生的？当时还有什么事情发生？你是否能想出一种简单的解决方案，以后检查这些简单的错误？

2. **控制**。无助的感觉是在你无法控制的事情发生时产生的。应对这样的事情，你需要明白你能控制什么。我们在第二章中认识了影响的领地和焦虑，确保你自己只关注那些能控制或可以影响的事情。

检查一个错误：

● 什么因素导致了这次错误？

● 你能控制什么？你不能控制什么？

● 你能怎样弥补？

● 下一次你能怎样做？

● 你如何在未来改善自己的回应能力？

3. **关系**。

"人的大脑需要三样东西才能运转：氧气、葡萄糖、人际关系。"

亨利·克劳德

当我们与他人建立联系时，想法就会改变。我们会为旧问题找出新的解决方案，于是就有了新的力量继续应对尚未解决的问题。

摔下自行车很痛，但是如果身边没有其他人，我们可能会感觉更痛。有一定的支持、鼓励、责任，有人给你加油鼓劲，让你重燃斗志，同情你的痛苦，让你再来一次——这比自己一个人好多了。

不过，你必须找准给你加油的人。如果在嘲笑、批评、贬低、责怪你的人面前摔下了自行车，那比你一个人摔倒还要糟糕。正如社会研究者、《脆弱的力量》（*Daring Greatly*）的作者布琳·布朗（Brene Brown）曾给出的定义："反馈是站在你这一边，陪你一起分析问题。而不是站在你的对立面，把问题放在你面前。"如何改变对问题的看法？你需要真正的反馈。请求别人站在你这边，帮助你承担责任，解决问题。

你如何改变团队对错误的态度？

创造承担责任的安全环境。重点在于理解错误、找出解决方案，而不是推卸责任。给予反馈的时候注意对事不对人，有问题的不是你，而是你的错误、行为、障碍。

我们一起来看一看。

专业救火

有时候，事情不会像预想中一样进行。有时候，计划要改，我们得救火。我们经常认为救火是慌乱、混乱的，像无头苍蝇一样到处乱转，但是专业的救火队员会怎么做呢？

●**保持冷静和专注**。救火队员会评估情况，应对情况。他们知道慌乱会降低做出正确决定的能力，因此他们必须确保自己的头脑是冷静的，可以快速、有效地回应。

●**团结一致**。救火队员不会自己一个人去救火。他们明白团队合作意味着需要照顾对方，帮对方留意他们看不到的，相互帮助，相互分担。

沟通是至关重要的，它能够保证大家都在同一阵营，都在帮忙而不是帮倒忙。你的团队都有谁？谁能给你更多的意见，帮你检查或者直接帮你一把？如果出现危机该怎么办？你会不会不让大家知道？你的团队是各干各的，还是你们会团结一致地去救火？

●**有行动计划**。救火队员一定有行动计划。他们会提前思考，在火场外想出最好的灭火办法。这样在真正救火时就明白他们需要做什么，可以马上行动。你一周中有多少时间是用来弄清楚策略和计划的？

●**有保护**。救火队员会照顾好自己，确保自己有救火的能力。他们不会以身涉险，以保证他们的灭火能力。

●**有预防**。救火队员的工作有很大一部分是教育人们提高警惕，预防火灾。预防的火灾越多，他们需要救火的次数就越少，代价也越低（包括生命和财产）。

●**有富余的应对能力**。救火队员把这一点看得很重要。

想想就知道，如果消防队全部出任务去了，再发生其他火灾该怎么办？救火队员一定会保证他们有回应的能力，即使他们无法预测下一次火灾是什么时候。你是否也给自己预留了富余力量？

留白的重要性

很多人喜欢把时间表塞得满满当当，两次会议的中间还要再留 5 分钟时间做另外一件事。我们总觉得这样很有效率。

我就是这种填满时间表的人，天生就是。只要有时间，我就会本能地找点事做。只要有空间，我总会看到无限的机会。我喜欢高效，喜欢做很多事，喜欢过丰富多彩的生活。

平衡工作和娱乐，鱼与熊掌兼得。如果你跟我一样，你肯定明白当你做事顺利时美梦成真般的感觉，以及事情不顺利时噩梦临头般的痛苦。而且，我们必须面对，爬得越高，也容易摔得越惨——下雪、生病、没睡好、突然的电话、家里的急事、水管爆裂、网络坏了、汽车坏了或者孩子闹肚子。有时，这完全取决于我自己，早到 10 分钟可以开始打电话或者做事，但是只要没及时做完，反而会推迟 20 分钟。

这一点不太容易想到：最有力的武器反而是预留时间。

留白是指负荷和极限之间的空间，就是留出的时间要比必要的时间更多一些，即日程上的空白，让我们去应对延长的工作、意外的事故以及紧急事件。这让我们有一点空间去转换思维、思考、成长、娱乐、保持笑容、选择停下。就像枕头中的空气一样，本身是无形的，但扮演着重要角色，跟有形的棉花一样，它让枕头松软，比较舒服，也可以承载压力。

留白意味着当突然有了灵感时，我们可以全身心投入，去发现我们从来没有想过的美。它能给我们自由，去高高兴兴地迎接一个拥抱、一个微笑、一个突然的电话或冰激凌车的铃声。它让我们有能力去应对别人的求助、突然降临的美差，或者欣赏落日、看着孩子迈出第一步，或者在醒来看到下雪时表现出最自然的反应。

"很多人的生活没有意义，不是因为他们不努力，而是因为他们太努力。"

克雷格·格罗舍尔（Craig Groeschel）

留白的能力可能意味着整个世界，还可能改变世界。当我们有能力每天停下来 5 分钟去帮助别人：扶一下门、指路、停下来微笑或者告诉别人慢慢来，那会怎么样呢？或者，当有人突然出现，对你说"拉一把椅子跟我们一起玩吧"；当你要等着摔下滑板车的孩子的妈妈过来，或者帮老人提东西上楼梯，那会怎样呢？

我们都喜欢留白这个想法，但是实际上，在人人过劳的现实世界，这非常困难。关键在于，你应该从小事做起，比如：

- 给任务多预留一小时或一天。

- 约人的时候从办公室提早走 10 分钟。

- 为 20 分钟的会议预留 30 分钟（告诉大家会议只开 20 分钟）。

- 从今天的清单上删除一件事。

- 这周多拒绝一次会议或者请求。

- 提前一天告诉别人把文件发给你。

- 好好吃顿午饭，吃饭的时候不要看手机。

- 两次会议之间预留 10 分钟，整理思路和行动，等等。

- 旅行归来时，第二天再取消"不在办公室"的告示，这样你可以在别人找你之前先喘口气（告诉办公室的同事你有其他事要做，或者在家工作）。

- --
- --

让别人做他们力所能及的事

分配：把任务（责任）交付给另一个人。

留白的一个环节是让别人做好他们力所能及的事，这样你就有时间做只有你能做的事。当然，他们可能做得比较慢，或者一开始做得不太好。而且，他们做事的方式多半跟你不同。但是，分配任务就是托付别人，不再进行精细的控

155

制，相信别人能够做好，不要成为他人的瓶颈。

最容易分配的事是简单的任务和有详细流程的工作，你已经定义过这些工作的标准，只要有人来做就行。比较困难的是需要一定决策能力的工作。不过即使这样，你也可以留白，比如：

"感谢您的邮件。我已经抄送给我们的效率忍者格蕾丝，并热情地跟她介绍了您和团队的选择。她会在有空的时候尽快联系您（请见谅，她下午要组织一场研讨会，所以未必能在今天联系您）。"

IT 商业咨询顾问理查德·特布（Richard Tubb）常常需要面试不同时区的人，而这并非他的工作时间。我建议他不要每次都让助手通知他（这让他本人成为瓶颈），而是设定一个预期标准，让助手决定该如何进行预约：

"理查德一般不在这个时间开放预约，但是他会为您提供一个特别时段。请允许我记录一下您的信息，在我询问过他后，我会与您确认。如果有问题，我会告诉您。"

为何不向上管理呢？

"我非常有条理，但是我的老板真是对付不了！"

"我认为我的进度很好，但是只要我的老板开完会，一切都变了！"

"每件事都很紧急，都是最后一分钟才做。如果我的老板没有计划，我该怎么提前计划呢？"

我们必须面对这一点：有时候混乱来自管理层。对我们中的一些人来说，我们也是那样的人。不过，我们不能交出控制权，让老板主宰了我们的工作。我们所有人既是老板，也是工人，无论职位是什么。无论你是经营着自己的公司，是一家大企业的CEO，还是刚开始工作的小职员，大部分人都需要自己决定该做什么，不做什么，定义工作、完成、成功（老板模式）以及怎样处理、怎样把工作做完（职员模式）。要做好这些，我们需要管理好与老板、同事的关系。

詹妮真的不知道该拿她的老板怎么办。他会一时兴起，不假思索地回复她的想法，设置一个很紧的截止日期，她会努力满足他的期待，然而他又会再来一次，或者再次改变他的要求。她是一个对自己能力很有自信的人，可是她总觉得无论自己怎么努力，他都不满意。实际上，她常常把工作做得很好，但是在他改过或者调整过后反而给弄坏了，然后又交回她的手上。于是她开始怀疑自己的能力和水平，好像预言成真一样，她开始在其他工作上也犯错误。

那么，你该如何对付这种海鸥老板（飞过来，在你头上拉了屎，然后飞走），或者是一只热情过头却没有意识到自己惹出麻烦的跳跳虎老板？

了解幕后发生的事情

当我们设身处地，我们会思考是否都是我的错，像詹妮一样，或者觉得就是他们的错：他不在乎，她没有沟通，或者他们是故意的。

后退一步，看看大局。在大环境下发生了什么？你是否处于迅速的变化之中，你的老板是否也像你一样应对了太多新的要求？他们（老板）的老板是不是也是整天制造"惊喜"的海鸥老板？他们是不是在应对新的行业动态或者一个难缠的客户？他们是否刚刚生了小孩，晚上难以安睡？

这是不是他们的性格？他们是不是天生会想很多？他们是否滔滔不绝地阐述着未成形的观点？

对你的好处：你不用忙得团团转了。

对你老板的好处：你知道什么能激励他们，什么能让他们泄气。

结果：你可以从只看到"你干嘛跟我过不去"到"发生了什么？我可以帮什么忙？"。

了解他们希望你做什么

他们是否清楚自己希望你做什么，还是只希望你参与定义工作的内容？他们是已经有了大概框架，只希望你添砖加瓦，还是他们有一个想法，希望你延伸出去，或者帮他们探索？他们是说"做好这个终端项目，交给客户"，还是"你可以照着这个思路做下去，看看之后会怎么样"，甚至是"我有一个新想法，你帮我看看它是否具有可行性"？

知道他们希望你做什么，可以避免把只需要框架的工作做得太细致，或者在别人希望你交一份 50 页的报告时，你只粗略交上了一页纸。

詹妮认为她的老板希望她交付最终的产品，因此他每改变一次想法，她都认为需要重新做一次。但是她的老板是个有很多主意的人，他只是希望詹妮帮他试验一下，每次都能进步一点，最终做好最后的产品。

对你的好处：你无需猜测——你知道他们要你做的是什么。

对你老板的好处：他们能得到自己想要的东西。

结果：你不必浪费时间去猜，或者做错工作。

了解他们和自己的沟通方式

如果他们喜欢自言自语，那么他们一开始说的可能不是最后决定要做的。确保持续跟进你听到的意见，确定你理解了最后的决定，知道他们想让你做什么。询问一下你是否可以发邮件跟他们确认自己对于目前已达成的共识的理解——这样你们都很清楚你要做的工作和你的下一步行动。

如果你需要更多时间去思考他们所说的话，你可以说你需要消化一下，问一问你将来是否可以在某个时间问他们问题——甚至在做决定之前问他们一下。如果你需要中途跟人确认，在一开始就要说出来："我现在整理一下初步的想法，发给你一份，你可以在周三跟我确认一下我做得对不对吗？"

对你的好处：你不需要马上提出你的意见。

对你老板的好处：他们可以用自己的方式沟通，你也可以。

结果：减少了误会，沟通更好了。

提前行动，不要猜测

如果你的老板总喜欢把事情拖到最后，你对项目和截止日期越清楚，那么你就越能提前行动，让他们提前注意到你之后可能要你做的事：

"你下周要见客户，是否需要我帮你准备什么？"

"提交的最后期限是这个月底。我先在 15 号交给你一份草稿，然后我们可以在 17 号探讨，看看有没有什么需要修改。"

"还有其他人参与这个项目吗？我们是否需要问问他们？"

"你是否考虑过……"

对你的好处：你可以提前计划，没有那么多突发事件。

对你老板的好处：他们可以提前计划，没有那么多突发事件。

结果：大家都更主动，少了被动的工作。

你需要一把雨伞

有时候下大雨，你确实需要一把雨伞！如果你发现自己收到了大量邮件，里面充满了热情洋溢的新想法、刚刚产生的请求，或者是一篇激动的演讲，你是否可以推迟决定，先冷静一下呢？

"这个想法很好，我之后再跟你谈。"

"我要先完成这个项目，之后我才有时间专注这个。"

"大家的想法都不错，我们需要好好交流一下，星期五可以吗？"

"我会跟某某谈一下……"

"让我想想。"

"到了早上再说。"

对你的好处：你不用马上回应，赢得了一点空间。

对你老板的好处：他们知道自己的意见得到了认可，之后会有进展。

结果：你用最好的方式回应了这件事的核心，而不是对与这件事相关的噪声做出反应。

提供其他选择

对老板说"不"可能很困难。但是如果他们要你做的事不可能成功或者代价太大，你应该告诉他们。

"我今天就可以给你一个简要、粗糙的版本，或者下周四给你一个很精致的版本，你想要哪一个？"

"我今天下班就可以把这个交给你，但是项目 X 就得先放一放，那意味着我们的产品推出就要推迟到 5 月，你想怎么做？"

"我最早可以周三交给你，中间你可以……"

"要不……"

"我可以做的是……"

对你的好处：你可以协商选择对你来说最好的。

对你老板的好处：你的意见让他们更清楚现在能做什么，结果是什么。

结果：做了更多正确的事情（大家也同意那些事情是正确的）。

建立信任

"在高效、和谐的团队中总是充满信任。没有信任，团队合作是不可能的。"帕特里克·兰西奥尼（Patrick Lencioni）在《团队协作的五大障碍》（*The Five Dysfunctions of Team*）一书中说，"没有信任的团队会花很多时间和精力去管理他们的行为和团队互动。他们总是恐惧会议，不愿冒险去寻求或者提供帮助。"

没有信任，我们可能会事倍功半：把别人做的事情再检

牛刀小试

你可以使用哪些实用手段来改变你和周围的人的工作关系?

我可以这样设置"请勿打扰"信号:

我可以到这里去"隐身":

谁需要知道?我该如何沟通?

我可以给这些密切合作的人留出日程:

我可以对团队/老板/同事提议这件事,让我们彼此都能沟通:

我这周将会做这件事来留白:

我可以让团队或鼓励团队留白的方法是:

我如何向上管理？我可以做这件事来改善我对老板/客户/关键利益相关人士的管理：

与团队的沟通

我们需要放弃什么？

是什么在拉低我们的效率？这个问题在多大程度上是我们自己制造出来的或者让它恶化的？

你想要、需要我做什么？

我们是否有安全的环境，可以坦率地承认弱点、
缺点和错误，并寻求帮助？

怎样能加强信任？

第六章

设立边界，勇敢说"不"

你知道你无法满足所有人的所有要求，对吧？但是，即使你知道，在现实生活中还是很难做到。这里有一些方法可以帮助你设立合理的边界和期望，认识自己的能力，礼貌、自信地说"不"。

为什么我们很难设定边界

边界很难设定，因为我们认为这是拒人于千里之外。我们不想没礼貌，不想表现得不大方或者不欢迎别人。我们不想赶走客户或让他们失望。我们不想得罪别人，惹人生气。我们不敢拿工作或者关系冒险，因为我们不想让人反感。

"我不想变得特别，因为这样会让人反感。"

"我不想说不，因为这样显得没礼貌或被认为很没用。"

"我不想得罪老板。"

"我们不能无视客户！"

但是，边界其实更应关注内部价值，而不是对别人关上大门。关于"边界"最好的定义，我认为是丹尼·斯克（Danny Silk）在他的育儿书《目标式育儿法》（*Loving Our Kids On Purpose*）中所提出的：

"边界显示了边界内部事物的价值。如果你有几辆破烂车停在一片空地里，那会很难看；如果在车的周围加上篱笆，你便有了一个破院子；如果加几堵墙，你就有了一个车库。边界越多，边界内的东西就越值钱。允许别人访问之前你提出的要求越高，你所拥有的事物的价值就越高。对于身边的人来说，我们通过边界让大家清楚地知道我们是怎样看待自己的价值的。"

边界，就是珍视自己。当你总是把时间留给别人时，你真正想传达的是什么？你总在周末、晚上做事，别人又会如何看待你的个人时间？你总在饭桌上看邮件，你的家庭时间又价值多少？你总是免费或者低价服务，别人对你的服务估值几何？你总是牺牲睡眠时间满足别人的需求，那别人会怎样看待你的身体和心理健康？

你的时间和注意力价值几何？你的贡献价值几何？你的价值几何？你的团队、家人的价值几何？

边界不是看我们拒绝了什么，而是我们如何珍视自己的价值。

不设定边界的后果

短时间之内，没有边界只是不方便——这里花一小时，那里做一点事情，取消原定计划或者自己掏钱。但是这种事越来越多，不方便就变成了折磨，你忍耐的时间越长，就越痛苦。

> 蒂姆总是早到办公室。
>
> 莎拉总是最后一个走。
>
> 凯蒂总是可以把事情处理利索。
>
> 妈妈从来不回来。
>
> 爸爸总是看手机。

一次两次的例外变成了常规，不情不愿也成了悔恨。有时候，我们允许了某些事发生，而这就变成了会常常发生在我们身上的事。我们觉得无力，失去了自我。

没人能替我们设立边界。我们需要自己定义有价值的东西，以及它们价值几何。我们需要设定参与的规则，设立预期值。

就像墙可以给我们提供安全感和保护，有墙的房子才是房子，设立边界也能加强我们的关系，提高效率。

这周你可以设立什么边界，让你的生活大不同？

试图取悦每个人会怎样

如果你想取悦每个人，就会发生这样的事：

你担心拒绝机会

"啊啊啊啊啊啊！我为什么要接下这个项目？为什么，为什么？哇啊啊啊啊啊啊！这个项目可能很稳定，很赚钱，但是太让人痛苦了！还没到喝酒的时间吗？"

能者多劳的诅咒是，我们可以做很多事，即使不是我们最擅长、最喜欢或者可以发挥最大作用的事。对于大多数新企业来说（有时还有老企业）都是这样——就像工作：你参与了别人让你参加的另一个项目，只是因为你有相关经验或者技能；客户不是理想客户，你在做的工作也只是为了渡过难关；要完成的任务并不是你擅长的，但你还是得做。

我们都做过这种事，如果它能够让你做你喜欢的，并让你朝着正确的方向前进，那它就能有一席之地。灵活工作，解决问题，愿意挑战困难是必要的，也是崇高的。但是做你不擅长的事会让你崩溃，很容易榨干你的时间、精力和智慧，让你无力去做真正想做的、最擅长的或让你充满活力的事。当你总在"将就"，大多时候你会感到悔恨、沮丧、不满和疲惫。

你没有清楚地表达自己的意思

你问你的爱人，真的不想点外卖吗（因为你已经很累，不想做晚饭了）？而他会说，他们一直更喜欢吃你做的菜。

你问别人是否知道还有其他人可以帮忙做某件事，其实你很希望他们主动说我帮你做吧，但是他们却意识不到。

你问同事，"今早交通状况如何？没事吧？"，同事含糊其辞，结果你还是不知道他为什么经常在关键会议上迟到个 15~30 分钟。

有人老是来你办公室聊天，而且一聊就聊个没完，你不断看屏幕，他们却不明白你的用意。

直抒胸臆很难，于是我们总用暗示，甚至希望想出其他更好的方法，而不是直接说我们想要的东西。问题是，要求别人做你肚里的蛔虫很难，于是我们会很沮丧，甚至怨气冲天。

你不想伤害其他人的感情

如果你要公布一个坏消息，对团队成员提出批评意见，或者对客户解释他们的要求做不到，该怎么办呢？

"不斩来使"是各国一贯的传统，既然你在结果上花了很多心力，那么"说完就跑"的策略恐怕不会奏效。如果你喜欢取悦别人，不喜欢得罪人，你可能也会承担过多的责任。

沟通涉及三个因素——信息、传达方式和别人的理解。你的职责是好好传达信息。仅此而已。当然，你可以尽量帮忙，但最终，理解是别人的事。如果你觉得必须让别人高兴，便是承担了不属于你的责任。

因为不愿说"不"，所以总是答应

如果你喜欢做个慷慨的人，那也没什么不好。但是慷慨归慷慨，你不能做一个受气包。大方必须建立在你愿意的基础上，而不是勉强自己。当你太频繁地应允别人，甚至你不愿意的时候也答应，就会产生怨恨。

慷慨大方是一种美德，可以让你得到滋养，如果你感到给予别人太多，自己都快要被掏空了，这就不是慷慨大方了。慷慨必须是内心的选择，而不是出于义务、内疚或者期望。

当你不再取悦别人时，你就放开了不适合你的东西，为你想要的东西腾出了位置。

最近，我有一个好朋友请我跟她一起做一个项目。我喜欢她的工作风格，很期待跟她一起工作，但那时候那份工作并不适合我。犹豫多次之后，我意识到我没有马上说"不"，只是因为我不想拒绝她。结果，她意识到了我的不情愿，找了别人。就像她说的，"我不能用一个不喜欢在这里工作的人。"你看，如果这个机会和你彼此不适合，我答应了也不会带来什么好处。

同样地，之前有一个记者问我，可不可以就小型企业做"季度市场营销"的问题采访我。她选的是一篇在我的博客上发表过的文章，我没有答应她接受采访，而是让她联系那个写文章的人，他也是这个领域的专家。这样我就不用花上几小时斟酌我该说什么才能完成这个跟我的专长和优势完全无关的采访，而是可以聚精会神地关注我的专长和企业。

这些年来，我发现每拒绝一次不适合我的机会，都会有一个适合我的好机会找上门来。

别乱猜，直接说出请求

"我真的太累了，我们要不叫外卖，或者你做饭吧?"

"我需要有人帮我做这个项目——你能多招待一位客户吗?"

"你总是在关键的会议上迟到 15 ~ 30 分钟，有什么原因吗?"

"我需要集中精力做报告，但是我在午餐的时候有空，可以帮你。"

别再乱猜了! 当你告诉别人你需要什么，再问他们需要什么，你们就可以一起找到解决方案。

尊重自己，别人也会尊重你

当你不再做万金油，你才可以尽全力去做最有成效、最令人满意的工作，你可以在最理想的条件下完成最好的工作，你会发现自己其实能贡献得更多。不仅如此，你还给了他人进步的机会，也让他们做到了最好。

做你自己。当你尊重自己，不勉强自己，你也是在尊重他人。

主导你所服务的人

我常用一家很靠谱的出租车公司，他们的价格稳定，司机准时，而且不会磨蹭多收钱。他们的服务一直很好，但是最近出了一件事。我让出租车晚上 11：30 到火车站接我，打电话的时候，火车已经晚点了，所以我解释说预计这个时间到站，但是没想到火车又晚了 10 分钟。到站的时候，我没见到出租车，便又打电话给他们。

"你叫了 11：30 的车，但是司机没看到你，就走了。"

"但是火车晚点了。"

"你可以给我们打电话。"

"没错，但是火车上信号不好——而且，我已经告诉你们火车晚点了。"

"我们也不知道你会不会来。司机等不到你自然就走了。"

"你们知道我在火车上。我肯定会下车的吧？"

"那我现在让司机回去接你。"

"他什么时候到?"

"10分钟后。"

"算了,我已经看到出租车了,我就坐那辆吧。"

"那你不需要车了?"

"没错。"

"好。"电话挂断了。

这个结果可以说是双输。司机和公司都少了一笔车费,作为顾客,我很生气。

有趣的地方在于,出租车公司没做错什么事,但是这种解释的方式会让他们赚不到钱,顾客也不高兴。他们申明界限的方式倒是有理有据,但是沟通方式不对。当有人质问时,他们很护着自己,这当然让我更生气。我们来当一回事后诸葛亮(如果真能这样也就好了),其实这件事可以这样解决:

●**设定清晰的迟到规定**: "我们的司机顶多等五分钟,如果需要多等,您要给我们打电话。"

●**承认困难**: "很抱歉,我们的司机只能等五分钟,因为很多乘客叫了车却不来。我可以再为您叫一辆车,10分钟之后到,您还想让我为您叫车吗?"

●**为未来提供更好的方案**: "您下次可以在下车前10分钟给我们打个电话,我们就会帮您派车,您正好可以准时坐上，就不会因为火车晚点坐不上车了。"

提前设定边界可能会让我多付钱以方便司机等我，其实我一点也不介意（我也不希望司机赚不到钱，但是我一个弱女子不愿意半夜三更一个人待在火车站）。他们可以让我多付钱，也可以不用，但是我要知道结果。

还有一次，是同一家公司，我叫了车去机场。车到了但司机一直没敲门，过了时间，我打电话给公司。客服说"他们在外面等，但是你没出来"。我不知道我还需要出去（也许我需要学学出租车礼仪？）。显然，他们看到窗帘紧闭，就以为没人在家。但是，我拉上窗帘是因为我要去机场了。

之后，我发现他们有一个电话提醒的服务——车到了会打你的电话，正好响两下。我是在特意问了"我需要出去接他们吗？还是他们会敲门？"这个问题后客服才告诉我的。我意识到，对待这个公司，不论我需要知道什么消息，都非得主动不可。很可惜，如果他们能主动设定预期，被惹恼的客户会少得多，也会赚更多钱。

你是否经常因为别人侵犯了你的界限而生气？你是否清晰地告诉过别人你的边界是什么？你是否假定他们已经知道？你是主动帮客户设定预期，还是丢给他们自己去胡思乱想？

我们经常认为，服务意味着让他人占据主动，我们负责在合适的时候回应，不论是客服、服务社区、服务于老板还是家人。我们问他们想要什么，然后努力去提供。当他们的要求超出预期，我们就在脑海中陷入天人交战了。

但是这就会要求被服务的人承担大量责任——希望他知道什么在服务范围内，什么是合适的。如果你走进餐厅，你会期望侍者把你带到座位上，给你菜单，告诉你今天什么已经卖完了，或是还能给你一些建议，告诉你特色菜是哪些，问你想喝什么。如果你问能不能坐另外一张桌子或者换一个小菜，他们也能回应。但是如果他们只说"你想要什么?"，作为刚进来的顾客，就很难讲清楚自己的意思，更别提侍者和厨师了。

有主导时反而能服务得更好。当我们定义可以提供的、怎样是最好的，一开始就设置清楚的期望，指导顾客体验，然后努力做到最好，满足顾客的需要，我们反而能提供更好的服务：

● 我给孩子做营养餐——而不是问他们想吃什么（他们只想吃巧克力）。

● 我服务客户时，我会告诉他们我的工作时间和方便时间。

● 我服务同事时，我会告诉他们我可以在周五想出更好的答案，而不是现在就匆忙给一个答案。

● 我服务教会时，我会告诉他们我没有时间做好那个项目。

● 我服务丈夫时，我会让他帮忙洗衣服，而不是痛苦地一边洗一边抱怨"什么事都要我干"。

你可以怎样更好地服务别人，争取领导，设置边界，设置清楚的预期？

最佳工作

如果你是一个设计师，当你感受到客户的热情、风格和性格时工作状态最好，喜欢简单亲切地喝杯咖啡，不喜欢长篇大论的项目会议，请告诉你的客户。如果你需要有框架的会议，而你的客户特别不擅长提供细节，你也要先跟他们澄清一些事实：

"我会给你发一封邮件，汇总我们已经同意的事项。我希望你能回复并且确认已经准确地理解了，然后我再开始下一步工作。"

如果你喜欢自己消化，在有时间思考的时候工作状态最好，那么告诉你的客户在会议之前发邮件告诉你他们的想法或者议程，你好准备。让他们知道，这样你才能最好地工作。如果他们突然告诉你一个想法，不要慌，热情地接受，再给自己留出时间思考："我会考虑一下，然后再告诉您。"

而如果你在运动、对话时思路最清晰，你可以回复邮件：

"我们谈一谈吧。我希望再多了解一下……周五怎么样?"

如果你想要在开始之前了解一下全局,可以直接问问你的客户。跟他们解释,之后你不会再打扰他们,会默默把事情全部做完,然后完整地交给他们。如果你喜欢一步一步来,喜欢多听反馈,那就跟客户商量设一些检查点。

如果与某人有约,你会保留多久?有一次因为有人几周前就想跟我约时间,我把一个机会延迟了一周。最后我联系不上他们,不得不取消了他的预约。这样既浪费了时间,也让人很沮丧,我还总是担心让第一个客户失望。格雷厄姆提醒我,我应该设置一个预约规则,位子只留一个星期。这样客户清楚预约只能保留一周,这对他们也有好处,他们知道一周以后预约就不算数了,别人也可以预约。

你的最佳工作状态是什么时候?你多久检查一次?在会议期间什么才是最佳联络方式?如果有变化怎么办?提前解决这些问题不仅能让你少很多麻烦,还能让他人在跟你打交道的时候更清楚该怎么做。

下一步

我最喜欢的一封确认邮件(没错,我可能有点奇怪)是来自印刷我的名片的 MOO 公司(moo.com):

你好格蕾丝

我是小莫（Little MOO），是管理您订单的软件。您的订单很快就会送到大莫（Big MOO）那里，我们的印刷机会在几天内印出您的名片。我会告诉您名片什么时候印好，什么时候为您寄过去。

如果您已经从另一个网站上导入 MOO 图片，印刷结束前请不要删除或修改您的图片，否则有些图片可能会变成空白。

（如果您直接上传到 MOO，则不必担心。）

您可以在账户选项的网址追踪及时管理您的订单：

https：//secure. moo. com/account

预期到达日期：2014 年 12 月 10 日，星期三

请记住，我只是个软件。

如果您对订单有问题，请先阅读我们的常见问答：

http：//www. moo. com/help/faq/

如果您还有疑问，请联系我们的客服（他们是真人）：

邮件/在线聊天：

http：//www. moo. com/help/contact-us. html

电话

英国：+44（0）2073922780，8:30am—5:30pm，英国标准时间周一至周五（公共假日除外）；美国：3:30am—

9∶00pm，美国东部时间。（目前，我们的团队只能用英语接电话，电话可能会被录音用来后期培训和升级服务质量——请您知悉。）

此致，敬礼

印刷机器人小莫

这封邮件回答了我很多问题（下一步该怎么办？我需要做什么？），我之后可能会有的问题（我如果要找客服怎么办？），甚至在我想要跟他们说法语或者周日找他们之前就设置了预期。最重要的是，我喜欢他们的友好和积极，它没有告诉我他们周末不回复，或者不能用其他语言，而是告诉我他们哪些时候会在，他们能做什么；它也没有让我自己去找联络信息，而是给了我最基本的信息（常见问答），以及一个选项（问真人客服）。而且，现在他们公司还真的提供了其他语种的客户服务。

"下一步怎么办？"这是你的客户/同事/老板可能会有的问题。如果你能主导这个流程，你可以让他们知道，这样你在需要办别的事时也会很省心。

你有多"有空"？

你是否会 24 小时回邮件？当有人给你发推特时，你的电话是不是会震动？你是不是早上一醒来，就发现手机的指示灯又在闪烁了？当你开会的时候、见客户的时候、打电话的时候呢？当你在旅行、开车、开会或者参加培训的时候呢？当你下班的时候呢？当你在休假、跟孩子在一起、约会、洗澡或者睡觉的时候呢？

不论你喜不喜欢，你有时候肯定是无法回邮件的，如果你空闲时间少，可能你不回邮件的时候就会多得多。但是，大家往往会觉得邮件需要马上，甚至立刻回。当然，有些产业和企业文化确实预设了这种期望。但是我认为，很多时候这种期望是我们自己给自己的吧？

你可以考虑以下几点来积极地管理预期。

邮件签名

葆拉，我们的客户服务和杂务经理，她的签名是这样的：

"请注意，公司现在实行'一周工作四天'的制度，因此大部分的周五我都不在办公室。如果您有急事，可以打下面的电话。"

而我们的伦敦忍者马修是这样写的：

"我每天会查一次邮件。如果您有急事，请给我打电话。周五请勿通过邮件或电话联系我。"

这种方法对于兼职工作者以及其他需要出差、开几天会或者在不同分公司工作的人很有效。提前说明你什么时候没空，意味着大家知道什么时候可以找你，也意味着他们可以提前计划：如果你需要在周末之前找葆拉或者马修，你就得在周五之前问他们。

使用邮件自动回复

如果你的工作要求你集中注意力，但是又要及时回复客户，你可以学习这位会计师的自动邮件回复：

"感谢您的邮件。我可能正在开会或者为客户全身心地工作。我一天查一次邮件。如果您有紧急事务需要处理，请给我发短信或者在语音信箱留言，电话号码是××××，我会尽快回复您。"

或者再有幽默感一点，这是一位招聘咨询顾问的自动邮件回复：

"感谢您的邮件。

了解我的人都知道我小时候有点多动症，很容易分心，比如，哦，看，一只鸡！为了提高效率，更好地为您服务，我每天只在中午12点和下午4点之间回邮件，如果您有急事需要我马上处理，请给我打电话。感谢您的配合。"

发邮件时，我们都想确切地知道何时会得到回复，而不是一直想着要不要催一下。确信有人会在24小时之内回我的邮件，这让我能够把它放在等待清单上，24小时之后再想，而不是总想着是两分钟后就有回复了，还是得催几个星期才会有回复。提供一个紧急联系方式能够解决更多紧急需求——其实这种紧急情况比我们想象的少很多。

语音信箱

如果你打我的电话被转到了语音信箱，你将会听到：

"感谢您的电话。我现在可能在服务客户，帮助他们消除压力和紧张，以达到愉快、高效的状态，如果您希望获得同样优质的服务，请给我留言，我会尽快给您回电。"

我从来不会因为错过电话而内疚，因为这个语音信息往往会让他们微笑，而且它也是一个不错的广告，还能让他们知道我在见顾客时从不分心。

开放办公室时间

我的医生每天早上 8 点都会有开放时间。如果你需要看医生，又没有预约，你可以去诊所拿一个号码排队等着。我认识的一个健身教练有开放的办公室时间，你在课间可以打电话找她。如果你打不通，那她就是正在跟别人说话——你可以 10 分钟之后再打。如果她接了你的电话，你就知道接下来 10 分钟她会专心致志地听你说。

我的客户可以看到我的电子日程，他们可以选择合适的时段，而不是猜我什么时候有空，或者需要来回发邮件来确定日程。我认识的一个文案人员会在网站上写明有空的时间："现在接受 5 月预约"，也是为了提前沟通好预期。

如果你经常不在办公室，你的团队不知道去哪里找你，一个很好的方式是让他们知道你什么时候在办公室、有空说话，比如，"我周一出差，周二到周四开会，周五会回到办公室。"避免你来到办公室时他们蜂拥而至。

下午茶

琼·丹尼斯（June Dennis），胡弗汉顿大学商学院（University of Wolverhampton Business School）院长，会为学生提供下午茶时间。她会通知他们一个时间和地点，回答他们的问题，讨论他们的课业，甚至会给他们买一杯茶。

她的学生知道什么时候、在哪里能找到她，不用在办公室守着，这样一周内的其他时间就不会有太多人找她。这也意味着她可以在下午茶时间集中精力跟学生谈话。这些谈话往往很有用，她可以更了解学生（谁在喝着咖啡开夜车，谁家发生了红白事，谁非常想家），可以给他们指明方向、给意见或者鼓励他们，效果比她在忙的时候匆忙地说几句话好多了。

如果边界受到侵犯该怎么办？

设立边界很重要。如果别人侵犯了你的边界，或者你还没有很清楚地设置边界，那又该怎么办呢？

"大家都习惯我加班了。"

"我总是在应该说'不'的时候答应！"

"我本该是来填补短期空缺的，但是9个月后大家就认为这是我应该干的。我觉得好像被占了便宜……"

如果你的边界已经被侵犯，维护边界可能会更难。如果你已经答应了要做，你可能无法马上拒绝或者完全拒绝。如果你设立了期望，花时间改变这种期望也需要时间，这需要交涉和重设，需要你走出自己的舒适区。

每次一小步："我这周末在威尔士的山中，估计没法上网了。如果有事，请给我发邮件，我周一会回复的。"

找到合适的机会回溯、重设边界："我们已经共事6个月了，现在复盘一下吧。"

"这个项目很好——差不多需要请个人全天候支持了。我们可能要谈谈雇人的问题。"

"我仔细看了看，我们需要更多资源，但我现在的时间、水平不够。我很想通过另一种方式支持你，比如……"

看看你们分享的共同结果："我们的客户需要价值感，这是肯定的，我想是不是有更好的方式来实现。我可以把我的看法说给你听吗？"

帮助他人设置界限："嗨，我这周末加班，你可能会收到一些邮件，但是在你回到办公室之前不用回，你了解了吗?"

寻求帮助:我记得有一次在研讨会,一位代表承认她觉得很难说"不"。她的老板也在,他说:"谢谢你告诉我这一点。我经常参加会议,想替团队拿下更多工作,因为我觉得你有能力处理。现在我知道可能并不是这样,我会考虑的!"

有时,当我们习惯了别人侵犯我们的边界(或者根本没设置),我们可能会不太习惯提出自己的主张,不相信自己的界限。但其他人可能会更清楚你的价值,可以支持你设立或者重新设立界限。

如何说 "不"

你是否曾在想要说"不"的时候却说了"是"?也许这个机会很好,或者创意很新鲜,金光闪闪,结果让你受到诱惑答应了?也许老板太严厉,客户要求太高,或者是被一个对你很重要的人赶鸭子上架了?也许,像我一样,天生喜欢帮别人,不喜欢说"不",因为不想让别人失望?也许你担心,如果你说了"不",他们就再也不会找你了?

拒绝是一项技能,我们大部分人都需要练习。很少有人能自然而然地说"不"。"不"只是一个字,有什么说不得的?我们必须意识到,如果我们想自主选择答应什么,就必须学会自如、真诚、友好、有效地说"不"。下面是一些例子。

你想要说"现在不行"

你也想帮忙，但是现在不行。现在，你正在写一封重要的邮件，你已经被其他人压得喘不过气，12 点要交一份报告，10 分钟后开会。你不是不想帮忙，只是时机不对。因此，如果"不，现在不行"对你来说太粗鲁、突然或者不恰当，试着用自己的方法答应：

"好的，我很想听听，我们可以 4 点再谈吗？"

"可以，我明天上午 10 点和下午 3 点有空，你想什么时候谈？"

"好的，我们好好研究一下，你可以组织个会吗？"

"其实，我特想好好思考一下这件事，你可以发细节给我好好看看吗？"

"我很愿意帮忙。根据我的时间表，我最早可以在这个时候帮你，你觉得可以吗？还是你需要找其他人帮忙？"

这次不行

也许跟平常一样，是一次活动、机会或者帮忙，你一般不会介意，但是这次，你不行——理由可能多种多样。当我询问别人对于这本书的早期意见时，我得到了很多这样的回答，于是我选了我最喜欢的：

"听上去很棒，我很愿意做。但是，我需要练习狠下心一次，说一次'不'。现在我太忙了。"

"我很愿意读——尤其是你的书——但是我在期限内读不完。"

"这次不行，但是下次一定再找我。"

你想以其他方法表示支持

我收到的一些特别好的拒绝邮件里，对方总是充满鼓励：

"这个机会听上去很好，我很为你高兴。我现在的任务/演讲/客户已经让我很忙了，但是我很愿意帮你（介绍一个能帮你的人/推广这次活动/捐上一笔抽奖的钱/给你点别的）。"

谢谢，但是我就算了

"谢谢你想到我。这不是我擅长的领域，但我推荐……"

"你人太好了，但是我还是不得不拒绝。"

"坦白来说，这不是我擅长的事。你最好去找某某吧。我可以帮你介绍。"

"这次就算了，谢谢你问我！"

别说"我不能"，说"我不"

正如我们在第三章中讲过的，"我不能"指的是没有能力，这让我们感到无力，而"我不"给我们的大脑送去不同的信号。无论我们说出口还是只是在心里说，这会提醒我们，选择现在在做的事情，是在尊重心中的决定：

"我周末不回邮件。"

"我不钻研这个领域。"

"我不在晚上打电话。"

"我一周顶多出差两次。"

"我不做我做不好的工作，因为这对谁都没有好处（我不能，我也不做，你明白的）。"

你需要强调边界

"为了充分服务我现在的客户，我只剩下几个咨询的时间段了，就是这些……"

"这恐怕只针对研讨会代表开放，但是我们博客上有一篇文章可以帮你理出头绪……"

"我需要专注于下一个……不过七月以后我就有时间了。"

"我已经跟自己保证这本书写完之前不接新项目了，我可不能说话不算话！"

"我的博客计划/演讲日程/广告预算这个月/季度/年就这么多了，请于……时间再问我。"

"我很想帮你，但是我需要对其他人（同事、客户等）

负责，今天先完成他们的项目，如果对他们食言就实在太不像话了。我保证会尽快腾出空帮你，感谢理解。"（伊丽莎白·葛瑞斯·桑德斯）

"感谢您对跟我会面感兴趣。但是，最近恐怕不行。为了更好地完成我现在的工作，我必须拒绝很多宝贵的会面，包括您的邀请。"（迈克尔·海亚特）

"啊，这件事真是太诱人了。但是恐怕我的忍者生活法则不允许我周末工作。而且，我也不觉得代表会感谢我们/我偷走他们一天的休息时间，因为现在团队的工作已经很努力了。你这么热心，想要尽快邀请我们，我也很想答应——但是我需要遵守我的原则！"（那是我的忍者同事李对于周末为团队举行研讨会的回应，他们找不到时间在工作日训练。最终他们还是在几个月后来找我们了，在工作日的工作时间进行了训练。）

你真的没兴趣

我以前总是觉得跟敲门推销的、街上筹款的以及打电话推销的人说话特别烦，而且很尴尬。现在我认为这是很好的机会，可以用来练习说"不"！

"多谢你问我，但是我没兴趣，希望你找到感兴趣的人！"

"我日常的开销已经很多了，没多余的钱了。"

"我的广告预算恐怕不够了，但谢谢你专门问我！"

"我们真的不打算建温室，你就别费劲了。"

"你真热情，但是我就算了，谢谢！"

其实，我也推销，也会跟进推销，我很喜欢直白的人，而不是那种含含糊糊地说"现在不行"的人，因为这样我会理解成"继续联系我"，但其实是"我希望你别给我发邮件了"，不过我这么礼貌的人是不会这样直说的。了解哪些人真的希望我能跟进，哪些人不感兴趣，我就能跟那些真正感兴趣的人对话，同样地，也不会再去骚扰那些不感兴趣的人了！

"恐怕这件事挺难的，如果真有机会，我会告诉你的，交给我吧。"

"这件事要先放一放，但是我还是挺感兴趣。两个月后再问我吧。"

"我还在等着……希望能在 xxx 时间内得到结果/下周再问我吧。"

练习

说"不"的能力就像肌肉，长时间不用可能会让人不舒服，但是越常练习就越容易，你就越明白说"不"也不是世界末日。我喜欢别人问我意见，然后让我有机会说"不"（给我自由），这比不问我的意见强。当我可以毫无牵挂地说"不"时，其他人也可以随时轻松提问——那么当我答应的时候，也是全心全意地答应。

牛刀小试

我的时间和注意力有多宝贵？我的界限如何显示出它们的宝贵？

我在哪些方面感到过于劳累或者不够有价值？我在哪些方面太过取悦别人？

我这周可以设定这个界限，它将给我带来重大改变：

我可以在工作或生活中的这个方面占据主导地位，设置清楚的预期：

我可以做这一点来调节我的空闲时间：

我可以在这三个方面练习说"不"：

1. --

2. --

3. --

第七章

人性：性格影响效率

效 率是非常个性化的。对某个人来说有效，对另一个人
就未必。有人说，高效的秘诀是井井有条，也有人说
重要的是让你的激情和创造力活跃起来。有人说不要光说不
做，也有人说应该三思而后行。

这些说法对每个人都有一定的正确性，但是我们都有自
己的偏爱、喜好和合适的方法。

我们越了解自己的人格和偏好，就越能找到适合自己的
高效方法、习惯和策略，而不是照搬人家的。在与客户的实
践训练中，我找到了一种很有用的方法——DiSC 人格档案。

DiSC 档案

DiSC 档案是一种行为测评档案，能够帮助你了解自己和

周围的人。DiSC 是指主导力（dominance）、影响力（influence）、稳健感（steadiness）和责任感（conscientiousness）。它能让你了解周围的工作偏好、趋向、你的动力和压力、你的需求、沟通方式以及如何与周围的人有效合作，即使是性格不同或者性格非常相似的人。接下来会对这个模型做一个简单介绍，让你知道不同的行为模式如何对应不同的效率特长、效率问题和策略。

这一部分有四位主人公，蒂姆、克劳迪娅、萨姆和凯特。这四个人都不是真人，而是我过去接触过的同事和客户的四种类型的综合，他们有不同的个性、需求和偏好。当你读到他们的案例时，你可能会发现自己非常接近其中一种或者几种类型，找到你有同感的人物，看看你能从他们身上学到什么。也请留意你身边的人属于哪种类型——你的团队、客户、同事、老板甚至家人，看看这对你与他们共事或相处有什么帮助。

蒂姆的故事

蒂姆是个大胆、有野心、行动力很强的人。他喜欢挑战，总是不断挑战新事物，不断设立更高的目标。如果你希望一件事可以快点完成，就找他吧。他直截了当，会在你话音刚落时，就风驰电掣般地把事情做完。

他的同事喜欢他有自信，有动力。他好像自带一股力量，直奔主题，不怕说出自己的想法。有他做同事真是棒极了，但是如果跟他作对，那就要倒霉了。他一心专注于结果，有些人可能跟不上他的节奏，有时甚至会发生冲突，让他陷入困境。

他是个实干家，没有时间低效，如果反复做同样的工作，他会无聊。他痛恨繁文缛节，十分直接，甚至可能在慢性子、优柔寡断的人心中显得粗鲁、不耐烦。不过如果你需要快速完成任务，解决大家都回避的重大问题，那就找蒂姆吧。

如果你是这样的人，你会发现：

你喜欢：改变，冒险，思考大局，大胆行动，有责任心。为保持动力，请保证你手边有很多清晰的行动和即时可见的结果，确保你有很多挑战、更高的目标、健康的竞争，以及有自由、独立的空间让自己做决定。

让你疲惫的事有：太多的细节、要求和一成不变的工作。这种情况下要谨防拖延。可以寻找机会分配工作，设置自动回复，或者创造一个挑战，把它变成一个游戏，看看你做事的速度有多快。

让你沮丧的事有：犹豫不决，必须放慢脚步。避免长篇大论的会议和没事可做的等待。要给其他人提前思考的机会，或者预留处理时间。商量好日期和时间，把它留到@等待区，光做其他事。推迟参加会议，等到细节基本确定，准备做决定的时候再去。

你最害怕的事：当你失去控制、被人利用或者感到无助时，就是你最恐惧的时候。当受到这些威胁时，要当心你的蜥蜴脑。

对你来说很自然的事：果断、领导、提出大胆的愿景、在其他人不发言时主动发言。把这些技能教给你的同事——不是每个人都擅长做这些！

告诉你的同事：

"我需要大方向——告诉我最重要的事吧。"

"别担心语气委婉什么的，就直接告诉我吧。"

"我需要知道我们为什么要这样做——成功的情况是怎样的？结果如何？"

"请见谅，我是个特别直接的人，如果我太直率了请别介意，我不是有意失礼的。"

"我一般行动很快，只按自己的步骤来思考。如果我太快了，你们需要更多时间，请告诉我。"

"如果我惹你生气了，你得告诉我一声。"

克劳迪娅的故事

克劳迪娅有活力，很外向，而且很乐观。她是个很喜欢与他人相处的人，每次相处都充满活力——无论是在陌生人中活络人脉，还是在项目中合作，或者是与朋友见面。

她的同事喜欢她的热情和能量。她很会讲故事，很会处理人际关系，不论观众有多少人。她可以让观众为她倾倒，她喜欢成为人脉最广的那一个，她的热情感染了别人，让每一次会议、聚会都有了生命力。虽然她有时粗心大意，有些人会认为她不够认真。作为一个外向型的积极主义者，她喜欢看到每个观点的可能性，她一般很相信别人，喜欢看到别人好的一面，但是这会让她那些比较小心的同事替她紧张。

她做事比较随心所欲，很有创造力，喜欢顺其自然。她喜欢走一步看一步，但是这会让其他人觉得很混乱，因为他们想要稳一点，准备充分一点。而且大家会觉得她有点不靠谱，总把事情拖到最后。虽然她也希望有条理一点，但是她总喜欢把事情拖到最后一刻。实际上，没有截止日期时，她会顿时泄气，不再继续做事，而是被眼前的雾中花吸引住了。

如果你是这样的人，你会发现：

你喜欢：新想法的涌现，与其他人合作，发表自己的看法，采取行动。为了保持动力，你要寻找机会跟别人聊你的想法，合作要注意高瞻远瞩，把你的目标当作激励人心的积极结果，而不是你需要去避免的问题、麻烦。多多寻找机会去听别人的积极意见。

让你疲惫的事有：太多细节、结构、系统性的任务，太多时间独处——你会容易拖延。请寻找一位可靠的伙伴，出去走走，或者找到合适的方式，给无聊的工作找点乐子，一定要动起来！你要行动才能有能量，所以如果你感到自己总是做同一件事，那就去做点能点燃你热情的事情。

让你沮丧的事有：批评性的问题。你不愿意给别人负面评价。注意，有时候同事会自然地开始质问，但这并不是批评你的想法。有时候同事希望你直截了当。你也需要关注其他人有激情的地方，虽然他们表现得没那么突出，或者不太会讲出口，但了解他们的激情会让你很受启发。

你最害怕的事：在社交方面被人拒绝，别人不认同你，失去自己的影响力，被人忽视。你在这些领域感到威胁时，就要小心你的蜥蜴脑了。

对你来说很自然的事：社交、人脉、鼓励别人、想点子、启发别人。这些技能你都很喜欢，觉得很有趣，很有动力，所以告诉你的同事，你会很高兴有机会使用这些技能！

告诉你的同事：

"可以我替你想想大方向，然后你来填充细节吗？"

"你还需要知道什么？"

"我特别喜欢想点子。如果你想跟我谈谈，我很愿意。"

"我需要对话才能好好思考——我们能谈谈吗？"

"我是不是走神了？我是否错过了什么？"

"如果你在几周之后没有听到回音，麻烦提醒我一下。"

"我很希望听到你的意见——你喜欢什么，不太喜欢什么，以及你有什么疑问。"

萨姆的故事

萨姆是个想事情很周全、友善且有耐心的人。他天生就是一副热心肠，喜欢参与团队协作，喜欢照顾其他人的需要。

同事们都喜欢他冷静、协作以及乐于助人的性格。他很有团队精神，是一盘散沙中的聚合剂。他总是很稳健、很有方法、很仔细地工作，总是很靠谱，工作能跟到最后一步，但有些时候他会让其他人感到沮丧，因为他们希望工作节奏能快一点。他不喜欢站在聚光灯下，喜欢在幕后做事，升级系统，让每件事都顺利进行。不过他还是很喜欢别人真诚的赞扬，喜欢自己做的事是有意义的。

因为他喜欢帮别人，很会照顾人，总是把别人的需要放在前面。他不喜欢与人冲突，有时候不会说出真心话，而是会把舞台留给其他人。他重视共识和合作胜过速度，有时会有些优柔寡断。

他天性富有同情心且很有耐心，所以很擅长倾听，这对于团队来说是无价之宝。他总是记得别人的生日，总是为客户殚精竭虑，保证他们满意。

如果你是这样的人，你会发现：

你喜欢：合作，帮助别人，提供支持，按固定节奏工作。为了保持动力，你应该把大的目标拆成小目标，保持一个给你稳定感的日常节奏。你喜欢保持合作机会，发展关系，关注你的工作如何能支持别人，询问反馈，保证有支持你的网络。

让你疲惫的事有：冲突，太多不以人为中心而是以任务中心的工作，必须独自做很多重大决定，工作过度——可能会让你拖延或者累垮。你要寻找合作的机会：跟客户或者相关方合作，从帮助他们身上汲取动力，或者找别人帮忙来把大的决定分解成小的，留出自我时间以满足自己的需要。

让你沮丧的事有：忽略他人的决定，在嘈杂或紧张的环境下工作，有人催你，或者最后一秒钟突然生变。跟别人说你需要时间思考，以及建立一些日常流程和节奏有助于给你安全感，特别是如果你正处于快速的变化当中。记住，混乱或冲突不会总是负面的或个人的，你需要给其他人空间去发泄。有时，最好的团队并不是需要每件事都达成一致才能共事。如果你在努力说服一个任务/结果导向的人，你需要把他们的注意力吸引到这件事将会如何影响最后的结果上。

你最害怕的事：一般都跟失去稳定性有关，改变、失去和谐、冒犯他人。当你在这些方面感到威胁时，注意你的蜥蜴脑。

对你来说很自然的事：建立日常流程和习惯，将事情系统化、方法化，把大目标分成一步一步的行动，将团队凑到一起，让大家合作、倾听、安静下来、不再吵闹——你可能很自然地可以做所有这些事，你没感觉这是一种优势。但不是每个人都能很轻易地做到这点，所以你要允许自己发挥长项，并为自己的天赋骄傲。

告诉你的同事：

　　"这件事我们经常做。要不要我写一个流程，然后大家照着做就好？"

　　"我要再想一想——我们可以给你写一封邮件，然后提出一些意见/问题吗？"

　　"我喜欢做好准备——你可以把议程给我吗？这样我就能把最好的想法带过来。"

　　"我们下周能不能简要地对接一下，以确保我做的事情没有问题？"

　　"我写完草稿后能不能请你过目一下？"

　　"这件事很紧急吗？你什么时候需要回音？"（然后你就能准备，而不是去被动回应。）

　　"这件事有点太匆忙了。我们是否可以砍掉一些工作，赶上新的截止日期？"

凯特的故事

　　凯特很安静、很讲逻辑、很严谨。她是一个有着高标准的专家，喜欢解决问题，喜欢研究细节。

　　她的同事很喜欢她来盯细节，监督质量。她喜欢提前计划、系统性地工作，并且会安安静静地勤奋工作，直到工作完成。她目标感强，讲逻辑，喜欢事实而不是感情、分析而不是假设、调查而不是冲动。如果她不知道什么事，她喜欢花时间想出来，而不是虚张声势或者人云亦云。

　　她是一位真正的专家，可以对严格的规则和指导意见应付自如。实际上，她喜欢知道自己目前的情况，喜欢有机会将秩序和稳定带入日常工作的流程。在社交方面，她一般比较安静内向，不喜欢空洞无物的闲聊，不过她并不怕去问一些艰难的问题，特别是在评估风险方面。她的101个问题可能会惹恼同事，特别是当他们想快点把一件事做完时。但如果你希望把一件事做好，找凯特就没错了，她能把所有细节都处理到位。

她关注高质量、高效率，这也意味着她会有点吹毛求疵。但作为一个完美主义者，她总是用最高的标准要求自己。她不喜欢做错事，犯了错误总会自责，总是比别人多花很多时间去准备、分析、检查工作。这往往能让她做到最好，但是也可能会让她不敢冒险，或者只有100%肯定自己的能力和情况在掌握之中时才敢行动。

如果你是这样的人，你会发现：

你喜欢：调查，分析，复杂的细节和深入的问题解决。为了保持动力，你要寻找机会参与需要深度和关注的长期项目，而不是短期的快速解决方案。去追求一些可以发展自己专长的工作，自己掌握工作和环境，你可以沉下心来工作，同时也可以做一些小任务、与人打打交道。

让你疲惫的事有：突发事件，特立独行、感情用事的人，嘈杂的环境、冲突，犯错或者没有准备，被人催促或者没有多少私人时间。你需要跟同事主动就预期达成共识，主动沟通需求以减少干扰和被动式工作，商议好时间和独立工作的空间，练习躲藏和掩护，提前要求会议议程（跟人解释这会让你想出最好的想法），当有人当众要你接受一个请求时，要求时间想一想。

让你沮丧的事有：错误，特别是粗心出错；忽视规矩或流程；当人们被热情冲昏头脑，当速度第一，质量变成了第二；当别人不尊重或者忽视你的专业水平。既然你喜欢事实，可以试着找找你同事的动力何在（其他人可能关注速度、行动和人，而不是准确性）。把你的想法用问题的方式说出来，提供洞见，帮助他们达成目标。你关注细节是用来帮助大家，而不是批评他人或者阻碍大家的进步。

你最害怕的事：跟犯错有关的，特别是其他人批评你的工作，或者找到了错误；在没有把握的时候冒险。当你在这些地方感受到威胁时，注意你的蜥蜴脑。注意不要把错误太个人化——有时事情的结果就是不好，可能也未必是坏事，更不是你的错。

对你来说很自然的事：深度研究，解决复杂的问题，保证质量，测试，跟细节和事实有关的任何事情。你非常擅长和喜欢的事可能正是其他人拖延和抗拒的事。如果你帮他们顾全细节，你不仅帮了他们大忙，而且还会让自己感觉很满足。

告诉你的同事：

"要不要我做完后检查一下？"

"需要我帮你多查点资料吗？"

"这里的成功因素有哪些？"

"你能在周一把议程给我吗？这样我就能以最好的方式准备。"

"我需要想一想，周四之前给你我的问题/意见。"

"这件事让我来办吧。最好什么时候向你汇报/提交产品？"

"我想了解一下总体情况，这样才能更好地想出解决方案。我就不一一发邮件或者当面打扰你了，我可以在某个上午/下午跟你见面，一次性解决完所有问题吗？"

长处和短处

"人人都是天才。但是如果你让鱼去爬树来测试它聪不聪明，它会一辈子都觉得自己很笨。"

爱因斯坦（Albert Einstein）

如果我问你，你的长处和短处是什么，你会想到什么？也许，你一直在关注自己的长处，一般不关注自己的短处。或者，你常常想起自己的短处，因为这些事情你总是很难做好，或者你总觉得自己应该做得更好，要么干脆就承认自己不行。你总是会用这些句子来形容自己："我太……""我不是很……"。你总会花时间、精力、金钱和注意力去解决或者改善这些地方。

现在我想问你，短处中隐藏的长处是什么？

长处和短处并非毫不相干，而是一枚硬币的两面。每个使用过度的长处都会变成短处，而每个短处也都是一个隐藏的长处。

我的朋友玛丽安·卡特维尔说："短处是放错了位置的长处。"[1] 它其实是我们很擅长的事情，只是没有用对或用得太多，或者没有用在正确的地方。就像玛丽安本身很喜欢变化，喜欢解决新问题。这让她在以前的工作中惹出过麻烦，因为她的工作内容是按照既定的模式，不要发问，只把工作做完就行。她喜欢新鲜东西，总是问尖锐的问题，这很受她的新雇主的欢迎，因为他们是自由自在的人，很珍惜她的品质，这也正是他们想要的。

最近，我9岁孩子的老师在晚上开家长会的时候让我感到很惊讶。其实作为家长，我只对三件事情感兴趣：（1）孩子表现如何？（2）他周围的环境是否适合他发展？（3）我能做什么？

老师本来可以说："他表现挺好，超出了我们对他的期望。但是他必须要调整一下步调，因为他有时跟不上。你可以在家里跟他多多练习……"然而，他却说我儿子是一个爱思考的男孩，总是想怎么样才能把事情做对，是一个讲究学习方法的人；他喜欢学习，为了做到最好总是一步一步来；他会用心思考，所以你得过一会才能听到答案，不过他在小组讨论上发言时，意见都不错；他写作很好，写出的文章老师很愿意读。

老师很了解我的孩子。因此，我知道孩子在他的班上没问题。如果他总是关注孩子的缺点，我们也只会了解孩子的缺点，而不能了解孩子的特质。

当我们总关注自己的缺点时，我们只能看到不足。我们能否做点改进呢？

我们的缺点源于我们的优势，是我们过度使用的优势：动力太足变成顽固不化，直截了当变成粗鲁无礼，同情他人变成取悦他人，执行力强变成疯狂控制，注意细节变成完美主义，仔细思考变成做事太慢，做事迅速变成没有耐心，临场发挥变成不太靠谱，想象力强变成容易分心，潜力无限变成优柔寡断。

我们的本能是通过改变自己来抑制这些缺点，但是当我们专注于长处——特别是潜藏在缺点之下的长处时——我们就可以开始培养长处，使其健康成长，而不是失去控制。我们可以积极地利用它，让它在一个被珍视的环境中茁壮成长；我们可以把它们变成很棒、很美好的东西。

这还不止，我们的优点其实也是个人特质。我们忽视自己的长处，就掩盖了自己的性格。我们只瞥到了自己一点点潜能、优点的影子，要么使用过头，要么还没完全开发。我们开发自己的长处，就尊重了自己的性格；我们可以了解如何跟自己相处，成长为最好的自己，毫无保留地尽情展现自我。

重新定义短处

你认为你的短处是什么？找到隐藏在短处之下的长处，把它当成一件好事说出来。比如，不要说："我很容易一有新想法就分心"，试着说："我总是在出其不意的时候有最好的想法。我得确保自己能够捕捉到它们。"

不要说："我是个完美主义者"，试着说："我有很高的标准，并为自己的工作自豪。我也许不是最快的，但我总能拿出高质量的工作成果——但是我需要提醒自己要提交高质量的工作，而不是改个没完，最后只能偷偷藏起来。"

利用长处

你的长处是什么？你的长处在哪些方面能发挥最大作用？你在哪些环境中最能挥洒自如？你是否可以经常在这种环境中工作？你是否可以调整工作内容或方法，创造更好的环境发挥长处？

如果没有那样的环境，你需要什么样的基本支持或者应对策略？其实我们的适应能力强得惊人。如果没人提醒你环境不适合，我们都不会发现。

你可以怎样培养自己的强项？你可以进行哪些训练来发挥自己的强项？哪些机会可以让你练习、开发天分？什么样的支持、指导或者灵感能让你培养自己的长处？

请见谅

我们不需要变得完美或者"完全正常"。作为人类，我们都有自己的弱点或者怪癖，有些时候会不合逻辑，这让我们的贡献和创造更加独特。你如何跟你身边的人对话？

如果你总是被五花八门的事情分心，谁可以提醒你，让你避免受这个缺点的负面影响？如果你发现自己分心了，或者因为细节陷入困境了，你能不能跟谁说一下你可能没有顾全所有细节，你是否可以把接力棒交给这个人，让他仔细地检查一下？如果你总是像公牛进了瓷器店一样乱撞，有谁可以提前说明一下，其实你并没有生气，也不是否定或者想要吵架，你只是说话比较简单直接而已。如果你不容易想清楚事情，你可不可以说一下"我这人就是这样，需要时间想一想，我之后再跟你商量"。

公开不完美、缺点和怪癖，能帮助别人更好地做准备，告诉他们一些该如何跟我们共事的建议、策略，当他们注意到这些行为的时候，就能更好地理解这是怎么回事（而不是按自己的标准乱猜），该怎么处理。这并不是要你肆意妄为，而是注意避免冲突和误解，更好地共事。允许他人提醒你，你没有充分发挥自己的长处，或者用得太过了。

你需要什么？

我们明白"己所不欲，勿施于人"，但是别人是否有他们自己的标准呢？作为一个外向、易共情的人，我喜欢被人表扬——我特别喜欢别人告诉我，我帮了他们的忙；相反，我的朋友乔斯是一个特别内向的人，她不太喜欢听到别人的评价，不论是好是坏。她明白别人表扬她是希望她高兴，但她还是感觉被人评价特别不舒服。有趣的是，因为她的工作做得太好，除了表扬她别人也不知道说什么了。而她真正享受的是工作、创造本身。

我的另一个朋友吕蓓卡则需要乐趣。只要有趣，她可以完成最复杂的表格。因此，她的屏幕和工作环境总是五彩缤纷，装点着漂亮的东西：画、音乐，还有呼啦圈，因为转呼啦圈可以让她更好地工作。

我丈夫则对噪声极度敏感，不管是视觉还是听觉上的。如果他在一个嘈杂的环境中，有很多人和物，他会感官过载、不能思考，因此他需要安静和空间。

你可以跟共事的人敞开聊聊，找出他们需要哪些条件才能有动力地进行最好的思考，了解他们在应对充满困难、挫折和冲突的工作中的价值。你是否经常问别人："你需要什么？"

基本需求

我们先看看基础需求。1943 年，亚伯拉罕·马斯洛（Abraham Maslow）在他的论文《动机与人格》中指出，人有五个层次的需求：

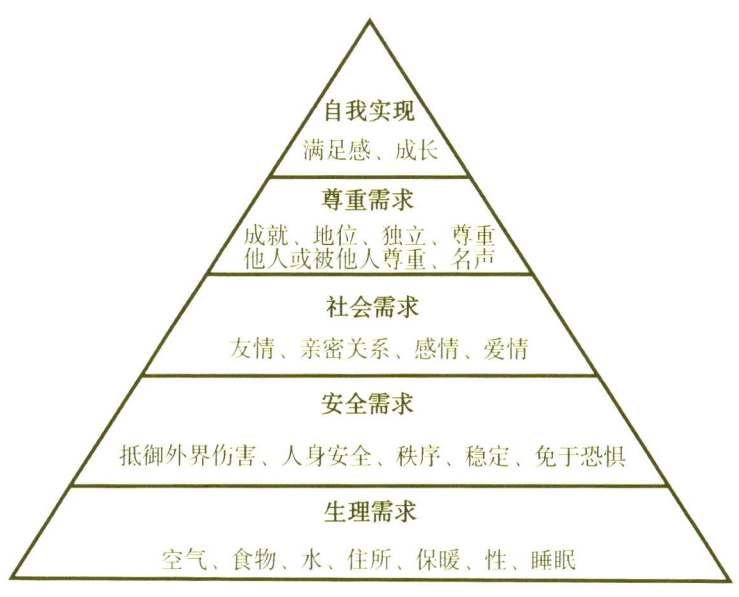

马斯洛的需求层次

Maslow, A. H.（1943），A theory of human motivation, Psychological Review 50（4），370‑396. This content is in the public domain.

1. **生 理 需 求**：空气、食物、水、住所、保暖、性、睡眠。

2. **安全需求**：人身安全、秩序、律法、稳定、免于恐惧的自由。

3. **社会需求**：友情、亲密关系、爱、爱情——从同事、家人、朋友、伴侣那里获取。

4. **尊重需求**：成就、独立、地位、威严、声望、自尊、尊重。

5. 自我实现需求：发挥自我潜能、自我实现、寻求自我成长和高峰体验。

这就是为什么我们认为自己可以牺牲睡眠去实现自我，又或者说声望可以弥补关系的不足。

确实，更高层次的需求更容易提供动力，我们得到的越多，动力就越足。但是马斯洛所说的那些低层次的"基本需求"，我们没得到满足时它们会是很强的动力，一旦满足了就不再给予我们动力了。当有了足够的食物或者睡眠，我们就不会再想这些基本需求了。

我们太忙时往往会忽视三种基本需求：

- 睡眠
- 食物和水
- 锻炼

睡眠

我们都知道人需要睡眠，但是当时间不够、工作很多、截止日期将近时，最先牺牲的往往就是睡眠。

实际上，有人总说"生前何必久睡，死后自会长眠"以及"成功的 CEO 一天只睡 4 小时"，大家恨不得比赛谁睡得更少。

我不了解你的情况，但是我自己因为睡眠不足时脑子就会转不动，注意力不集中，容易分心，思路不清晰。我总是盯着屏幕不动，忘记要说什么，在训练时不能全神贯注；我的创造力会下降，思维也不敏捷；脾气更差，更容易说错话，而且也更难原谅别人和自己。就像看到小孩在地上打滚发脾气时，父母会对视一下，然后说："估计是累了。"其实大人也会这样。

研究表明，"牺牲睡眠而提高的短期生产力，很快就会因为睡眠缺乏造成的影响而消失殆尽，这些影响包括对心情、注意力、大脑高级功能的负面影响。睡眠不足的负面影响很大，人们在缺觉时的表现甚至还没有醉汉强。"

缺乏睡眠会影响我们大脑的高级功能：逻辑思维能力、处理信息能力、注意力和创造性思维——这些都是我们做好工作的能力。它影响我们的情绪、意志力和人际关系——让我们更容易生气发火，失去目标，更容易对人不对事，更容易误会，更难以应对压力。它影响我们的健康：我们可能会感冒，好几周都不好，头痛、咳嗽、感染、喉咙嘶哑（对老师和训练师来说特别不方便），现有的病症可能会演变成更严重的问题——癌症、心脏病、2 型糖尿病、感染和肥胖都与睡眠不足有关。

它也会影响我们的记忆和生活习惯：忘记在麦片粥里加牛奶，错把钥匙放进冰箱，忘记锁门，走同一条路去上班居然拐错了弯——这些闭着眼睛都能做好的事情，在我们疲惫的时候也会出错。正如我丈夫发现他在试图修复数据库时，在熬通宵后居然删除了整个数据库。

疲惫的时候我们很可能会帮倒忙，比尔·克林顿总统在2008 年曾告诉 CNN 电视台他犯过一些很严重的错误：

"我大部分错误，都是在太累的时候犯下的，因为我工作太努力了。人在劳累的时候是做不出好决定的。"

食物和水

吃方便食品，不吃饭，只吃巧克力、喝咖啡，我们在赶时间的时候都会这么做，但是这种速食生活也会让我们付出更大的代价。

饿肚子是做不成事的。如果你在第二章中把"饥饿"作为分心的罪魁祸首，你会很高兴知道这是有科学依据的。你的大脑需要燃料——差不多需要 25 克葡萄糖才能运作，大概跟一个香蕉的糖分差不多，这个数据来自脑科学家李·季柏森（Leigh Gibson）。

吃含糖的食物不会立即影响大脑功能，但是快速释放的糖分会导致血糖水平出现高峰和低谷，让我们难以集中注意力。因此你在吃了高糖分午餐后开会就很难不打瞌睡，而且吃糖类食品会让人想吃更多。而那些需要消化的食物，比如燕麦，既含有糖也含有蛋白质，会让你更容易集中注意力。个人而言，我吃多了糖也不会像我的孩子一样兴奋得在家具上跳来跳去，但它确实会让我神经紧张，更容易分心。

"营养均衡可以将生产力水平平均提升 20%。"这是世界卫生组织（WHO）的说法，他们推荐吃黑巧克力、坚果和种子类零食来提高效率。

脱水也会影响效率。人脑的 75% 都是水分，即使轻微脱水，也会影响我们的表现、情绪以及能量。当你觉得口渴的时候，喝水已经迟了。如果你觉得脑子不清晰、有些迟缓，你可能已经脱水了。

锻炼

锻炼能释放内啡肽，会让我们更快乐，让身体更活跃、健康，也能让大脑更好地运转。比起静坐不动，大脑活动在我们散步 20 分钟之后会增加，正如布里斯托尔大学（University of Bristol）的研究发现，"在锻炼的日子，人们的心情会在锻炼后有显著改善，而在不锻炼的日子人们的心情则没有变化，而且平静的感觉有所减少。"

很多客户和研讨会代表告诉我，在上班前或上班时锻炼会让他们精力更充沛、专注，更有创造力。散步，甚至只是站起来，也会让大脑活动增加，让我们的思考方式有所不同。散步开会和站着开会都能改变思维，也是同样的道理。我们的大脑在进化中慢慢养成了在运动中思考的习惯：

"运动在生理上重塑我们的大脑，让我们表现到最好。运动对帮助大脑和身体从压力、学习和认知更新中恢复至关重要。"

　　　　　　　　　约翰·瑞提（John Ratey）教授

安全、爱和归属感

我们要记住，安全、爱和归属感是需求层次中的基本需求。我们的安全感、确定性和工作中人际关系的好坏也影响着效率。在充满攻击性的糟糕环境下工作可能是效率的杀手——不论个人动机有多强或多有组织能力。在高度不确定的环境中工作，不确定性会消耗我们的能量和注意力。巨大的生活变化，比如结婚、生孩子、离婚搬家、经历丧亲之痛或者家庭问题，都会对我们的工作有影响。

假装这些事情不会影响我们，会导致我们丧失更多本来就有限的注意力和能量。

允许自己和同事表达关切，更有利于提高我们的效率和幸福感。当我们有机会支持彼此，我们就能创造出牢固的工作关系和真诚的友情，可以提升工作质量，也提升生活质量。

小处改善

这些我们都多多少少知道，但是我们该怎么恢复工作状态呢？我们知道要照顾好生理需求才能提高效率，但是在繁忙的生活中，在工作把基本需求挤到一边已成常态的情况下，我们该怎么改变习惯呢？其实可以从小处着手：

- 睡前做一些放松的活动。

- 每周早睡一次。

- 一个晚上不要看任何屏幕。

- 一次性做好很多食物，冷冻起来等着以后吃。

- 多买一些水果、坚果和黑巧克力作为健康零食。

- 床边放一杯水，早上起来喝。

- 桌边放一杯水（我的一个朋友甚至用她平日装咖啡的杯子喝水）。

- 站起来打电话、接电话。

- 买一张立式办公桌或者可调节的办公桌（可坐可站）。

- 一边散步一边开会，或者站着开会。

- 午餐时间散散步。

- 在桌边做一些伸展运动。

- 买一些健康早餐食品放到办公室。

- 鼓励员工在办公室吃健康食品，每周拨一笔钱买健康食品作为办公室预算的一部分，而垃圾食品就由员工自己支付。

- 为那些骑车上班或者午餐后跑步的人准备一个淋浴的地方。

- ....

- ....

你需要给自己什么？

这是我常常问我的客户的一个问题，它有两个部分：

1. 你需要什么?

2. 你需要给自己什么?

你总是给你自己需要的东西吗? 你是否经常在需要休息的时候对自己很严苛, 或者在最需要集中注意力的时候分心? 你是否在需要清晰的时候让自己更担心? 你是否在需要鼓励的时候批评自己?

你需要为自己提供什么, 才能把你的最佳状态发挥出来?

当你状态最好时, 你会做出最好的工作, 在家里、工作单位和其他地方都能表现优秀。

牛刀小试

问问你自己：

我的动力：

我喜欢什么？

什么让我有动力？

我最擅长什么？

当我容易拖延时：

什么让我疲惫不堪？

什么让我沮丧？

我害怕什么？

我的理想环境：

我在什么环境下工作得最好？

我可以对目前的环境做出什么改变？

我的长处：

我的长处是什么？

我做哪些事很自然？

在哪里我的长处最能派上用场？

我的短处：

我的短处和盲区是什么？

我的短处里隐藏了哪些长处？

我如何沟通?

其他人需要了解我的哪些方面?

我的需求:

我需要什么才能做到最好?

我需要提出什么要求?

我需要在满足自己基本需求方面做出的一些改善:

我需要给予自己什么?

与团队讨论

我们各自和集体的强项是什么?

我们互补的地方有哪些？

我们潜在的盲区在哪里？

我们在哪些地方可以相互帮助？

有哪些空白需要填补？

我们对彼此有什么要求？（"请给予我……"）

我们在哪些方面需要请求别人原谅？（"当我……时请见谅"）

我们在什么情况下会互相妨碍？

第八章

平衡工作与生活的节奏

朝九晚五的工作依然存在吗？工作之外还有生活吗？你会在家工作或者干脆住在办公室吗？随着技术发展、流动性增强和越来越多的全球化工作团队的出现，工作形式的界限变得日益模糊，寻求工作与生活的平衡变得更加迫切且难以捉摸。

生活可以分为工作中的生活和工作之外的生活，而我们的效率取决于这两方面。如何制订一套既能保持一致性又灵活的工作日程？如何坚持不懈地专注工作，又在一天之后彻底放松？如何在工作中保持激情但不精疲力竭？如何保持前行，如何适时休息？本章将挑战传统的工作—生活平衡理念，帮你解决这些问题或其他更多问题。

朝九晚五之外

朝九晚五的工作还存在吗？对于大多数我认识的人，包括朋友、家人、客户、同事，朝九晚五的工作对他们来说都是神话。从每周工作将近 60 小时的教师到常常在会议上花费 30~40 小时的资深主管，他们每天努力及时地收发电子邮件，然后不得不在家"真正地工作"。甚至是那些做常规工作的人承认也得加班，要么提早到单位，要么到家后继续工作以便跟上进度。

长时间赶工是没用的

收益递减规律指出，不是每一段额外的工作时间都会有同样的产出。亨利·福特（Henry Ford）关于生产力的实验发现，对于生产线上的职员来说，每周 40 小时的工作时间是最佳工作小时数。超过 40 小时，他们的生产率就会下降。

对于需要集中精力的工作，这个数字会更小。大多数创作者和作家发现，他们的最佳状态时间仅有几小时，这段时间他们的注意力会非常集中，文思泉涌，能把工作做到最好。在那之后，他们也能做其他工作，但是注意力水平再也无法接近最佳状态。

我们都有最佳的工作状态，在此之外，每多工作一小时，投入越多收效越差。

弹性工作制

随着灵活性工作的增加以及 24/7（1 天 24 小时、1 周 7 天，随时待命）的普及，惯常用来定义工作的界线已经变得模糊，这给了我们挑战和机遇。

机遇在于我们有了更多弹性时间，可以开始定义自己的时间：我们可以选择早点去办公室以错过早高峰，或者晚点下班刚好赶上接孩子的时间；可以在午饭时间跑一下步，让头脑清醒，还能顺便把它当成马拉松训练。在伦敦工作时，我们安排时间参加社会企业的会议，可以通过协商要求灵活工作，以便同时照顾家人。或者旅游时也能在海滩工作，能在业余时间学习或者在不辞职的情况下做自己的生意。

我们得到了弹性时间，但挑战也随之而来。在一切事情都成为可能，且毫无规则可循的情况下，我们必须定义自己的时间。我们需要选择自己的工作时间，而不是所有时间都在工作。多工作一小时是容易的，再发出最后一封邮件，再接受一个额外的任务，上床睡觉的时间已经过了，再检查最后一遍。当工作与你形影不离时，你很难说：我现在不在工作。当其他人都在弹性工作时，会同时调整双方的时间以互相适应。如果我的老板周六早上 7 点发邮件给我，这是不是意味着我当时就应该回复？

在工作中生活，在生活中工作

我喜欢在家工作。我知道，不是所有人都喜欢。有些人发现在家很难将注意力集中到工作上。洗餐具的声音、坏了的门把手声音和家中的其他杂务都会使他们分心。

而我，开心地关上洗衣房的门，将洗好的餐具放到一边，将厨房的桌子清理出一块空地，然后开始在我的小空间里连续工作。不论怎样，我是在工作而不是做家务。尽管仔细想想，工作比家务多多了。

我喜爱弹性工作时间和自由。工作时，孩子们在我周围，我可以接送他们上下学，参加他们的运动会，到现场看学校演出，然后依然能很好地完成工作。这给了我充分利用两个世界的机会，按自己的节奏工作和生活。我当然不会错过这样的方式。

这只是计划，对吗？

所以，当我们在餐桌上发邮件，给孩子洗澡时接到紧急电话，我们正在尽力把某件事做完，而一再重复着说"稍等"时；或者当我们和伙伴不再有眼神交流，笔记本电脑长久地成为了我们的腿的延伸时，会发生什么呢？

这真的是在家工作的美梦吗？或者说我们只是在生活中工作？这和在办公室开夜车究竟有什么不同？

以成效为衡量标准，而非时长

计算时长是很困难的。如果我问你上周工作了多少小时，你或许会计算你到达和离开办公室或者办公桌的时间，你会将孩子放在托管所或者记日记的时间列入工作时间，但是你检查邮件、接听电话、出差、订火车票或心里在为下一次会议做准备的这些时间呢？你心里想着取消和牙医的预约，一只眼盯着邮件，一边接着公司的来电，或者和你喝咖啡的网友刚好是生活中的好友（这属于哪一类？），而且，如果你真的做了上面所有事情，那么"计数时间"的时间会被分到哪一类？

或许这是逃离直面时间的最佳机会（只关注你在工作中露面的时间），将这些时间用到高效工作上（将注意力集中在重要事项上，该用多少时间就用多少时间）。

在 Think Productive 公司中，高效忍者（Productivity Ninjas）本质上指的是，自由工作者和合同聘用人员都可以在想工作的时候工作，在喜欢的地点工作并以喜欢的方式工作，靠成果、经营的业务和培训获得报酬。即便是工薪族类公司也意识到应将注意力集中在结果上，并充分信任他们的员工能够做出成果，这样不仅能提高效率，而且能提升士气，增强创造力，有更好的市场效益。

网飞公司和维珍集团都不再计算工作时长，而是按天计算，即便假期也是如此。网飞公司在《我们的自由和责任文化参考指南》中指出，"我们应该关注人们的成果而不是工作了多少小时或者多少天。像没有朝九晚五的工作时间制度一样，我们也不需要假期制度。"

正如理查德·布兰森（Richard Branson）解释的那样，"由雇员自己决定他们什么时候需要休息几小时、一天或者一个月，假定他们和他们的团队能够按时完成每一个项目，而且他们也感到百分之百舒服，同时他们的缺席不会对业务或者他们的事业造成一点点不利影响，他们才能这样做。"

读到这段话时，你或许在想，"那好，我可以为网飞公司或者维珍集团工作！"值得注意的是，即便是在维珍集团，也并不是整个公司的人都如此。通读特定职位的评论后发现，澳大利亚维珍集团的航班乘务人员没有这样的经历，但加拿大医院却施行没有限制的假期制度。

你看到的几种方式都只是开始。而我要问你的是，你从哪里开始将你关于效率的谈话由测量时间转移到评测成效？

工作和生活

工作和生活并不是完全分离的。有工作中的生活，也有工作外的生活；有工作中的工作，也有工作外的工作：这就是我们生活中的工作：工作使生命有意义，工作使你充满活力。

工作和生活并非水火不容，所以，我们为什么坚持要像平衡天平的两端那样去平衡它们呢?

工作—生活平衡之外

和我一起工作的大多数人说他们想要更好地平衡工作和生活。他们想在工作中更高效,这样他们就能按时回家,"关机"并拥有工作之外的生活。

但针对"工作—生活平衡"这一概念,我有疑问,因为它似乎已经成了没人能够得到的圣杯。

它意味着让我们少工作,多享受生活。但是事实上,这会迫使我们追求完美,去计算我们花在工作上的时间、陪伴家人的时间、在健身房的时间,甚至是在床上的时间,从而试图达到令人费解的"正确"的组合。

它催生了一种超级英雄综合征,这意味着只擅长一件事已不够。我们必须擅长每一件事:工作时激情高涨,超出预期地完成额外的工作;抚养优秀的孩子,带给他们精彩的童年体验,辅导作业,辅导他们做额外的阅读,做健康、有营养的有机家庭食物;婚姻美满;去奢华地度假;为家庭教师协会、管理委员会做志愿服务或者参与其他社区服务;与此同时,还要拥有洁净的家居环境。所有人要把所有事都做得完美,只是想一想都让人倍感疲惫!

这也成为了愧疚之源。我们不断计算着流逝的时间,同时担心在其他地方花的时间不够(有关这一点第九章会提及更多)。

工作—生活平衡的问题，是我们将准备让自己放松的事情转变成了打败我们的事。是时候抛弃工作—生活平衡的陈旧观点了，毕竟它是人为的发明。以下有一些可供选择的替代方案。

工作—生活节奏

拥有工作—生活节奏意味着你的生活有高潮和低谷，潮涨潮落，而不是尝试让每一件事都井井有条、保持平衡。有时，我们需要加速快跑；有时，我们需要慢下来休息。

所以，不要试图在该加速快跑的时候慢下来，也不要试图在该慢下来的时候加速前进。当生活加速时，让我们跟上生活的节奏，将休息和补充能量视作和效率一样重要。让我们拥抱旷野骑行，沉浸于安静的间歇，并享受这两者间的每一件事。

毕竟，我们是人类，不是机器。不管是身体上还是精神上，我们都无法在每一小时都维持相同的表现水平。关于昼夜节奏的研究表明，人体最佳的工作周期是 90~120 分钟，随后就需要休息和补充能量。

工作—生活整合

工作中的你和工作外的你是同一个人吗？如果你的答案是肯定的，或许你可以改变你的行为来适应环境。但是，在内心里你也是同一个人吗？两个你是否有同样的价值观、身份和目标？

工作—生活整合和我们花在当中的时间关系不大，而与工作中我们"是谁"相关。当我们真实地面对工作中的自己时，平静感会随之而来。

如果我们的核心价值观出现冲突，无论我们取得多大的成就，我们在工作中都会缺乏意义感和满意度，会感到失衡。

这同样适用于工作外的生活。对于我们中的某些幸运儿来说，他们做着自己热爱的工作，有时挑战来自在家里面对那些性情乖张的青少年和玩累了的孩童时，他们或许也同样感到疲倦和暴躁，却要一直保持斗志昂扬和激情四射。

最近，我听到一位首席执行官承认，"工作中，人们对我们感谢良多，他们感谢我们做出的贡献，认为我们光彩照人，但是我的家人对我的评价却不总是这样！"

不久前，当我获得"首席激励者"的头衔时，我想确认我能否像激励我的客户那样激励我的孩子。在实操层面，这意味着我在工作时间之外需要更多的能量储备和更大的耐心，确保我能制定健康的行为规范并有充足的睡眠，这样我的孩子在一天结束时就不会只有剩饭吃了。

工作—生活整合指的是工作中和工作外，我们同样关心自己是谁。所以，我们生活和工作的方式意味着价值，而这对我们是有意义的。

工作—生活质量

我们都经历过非常时期，因为我们没有在生活的其他部分花足够多的时间，这部分被某部分侵占了，但这并不意味着我们无法享受它们。

有一次，因为下周一要举办研讨会，我得在周日外出 5 小时，这意味着周末我陪伴家人的时间会很短。我决定充分利用这短暂的时光。在我上火车前，我们一家人一起度过了一个慵懒的早晨，尽情享用了烤饼早午餐，用在一起的高质量弥补时间的不足。

工作中的生活质量同样重要。时长不是测量工作和陪伴的唯一方式。冲突、不良关系、缺乏赞赏、缺乏接触或者社群生活、不确定性、压力和持续不断的打击，都会导致工作中的生活质量降低，而这种低质量的工作中的生活，会比在积极、高效的环境中消耗我们更多能量。

让我们同时保证工作中和工作外的生活质量，不受时长困扰。因为当工作中的生活质量很高时，我们在家中自然而然会更高效也会更开心。当家中的生活质量高时，工作质量也会提升。不管是工作中还是工作外，幸福感和效率都息息相关。

日常节奏

作为人类，我们的能量水平在一天中会时刻发生变化。

我们不能像机器那样，打开、关闭，能实现连续地产出。我们有高潮和低谷，有时我们能量满满急于前行，有时我们步履平稳，有时我们容易分心甚至完全止步不前，这都是非常正常和自然的。让我们尝试适应这样的节奏，而不是去改变它。

了解你的伙伴

你是早起的鸟儿还是夜猫子？我的女儿是早起的鸟儿。她精力充沛地醒来，几乎是面带微笑地从床上跳起来，一蹦一跳地到我们房间问："我们今天做什么？"而我的儿子醒来需要花更长的时间。他早晨行动缓慢，到晚上却很活跃。典型表现是，一到上床睡觉的时间他就精力旺盛，畅聊阳光下的每一件事。

什么时候你处于最佳状态？什么时间是你的黄金时间？黄金时间你会做什么？

如果你是早起的人，你会把早晨的时间留来做需要你全神贯注的工作吗？还是浪费在邮件、电话和其他人的日程上？

我最好的朋友是一个根本无法早起的人，她需要花整整一个早晨才能完全醒来。她发现将她的早晨花费在不需要消耗很大精力的事情上，如点击资料、填表、申请、快速搞定零碎的工作，能使一切变得井井有条，这样在下午当她精力满满时就能够集中精力做真正重要的事。

在《高效忍者》一书中，格雷厄姆·阿尔科特建议将注意力水平分为三类：

1. 极为专注（全神贯注）。
2. 专注（清醒，有一定的警觉性）。
3. 不专注（大脑呆滞，麻木状态，心不在焉）。

你的注意力水平在一天中会时刻发生变化，意识到这一点意味着你可以决定如何才能最佳地应对每一个模式。正如格雷厄姆所说，"你会开始意识到在极为专注的时候更换打印机墨盒是种严重的浪费，这就像用大锤敲坚果。虽然在那一刻你感觉，不管什么时候更换打印机墨盒都没什么不同。"

了解你周围的环境

你的精力和注意力水平不仅仅由时间段决定，也因发生的事情而改变。你是否有过会议满满的一天或者一周都要频繁地出差？你是否正在和流感做斗争或者有一个迟迟不愿入睡的孩子？这些事往往也会影响你的精力和注意力水平。

你的日记或者待办事项中还有什么要做？这些任务或者活动会让你精力充沛还是精力耗竭？如果我的丈夫一周工作繁忙，要会见大量的人，他更有可能深感疲惫。如果我早上一起来就看表格，之后肯定不想再盯着屏幕看了，但是，我非常欢迎培训对话或者网络会议。

做蜡烛测试

我和托尼·博格斯、朱莉·芙兰芝一起做神经语言程序学培训时，第一次接触了这个练习。我经常在接待客户时使用它。

先画一支蜡烛，然后画火焰，将那些能使你精力充沛的任务、活动和环境列表。什么能使你元气满满？什么让你如此享受还能为你提供能量？将这些事写在火焰旁边。

接下来画蜡烛，记录下让你精力耗竭的任务和活动。是什么在消耗你的精力？是什么让你筋疲力尽？这些事可能是你完全能够胜任甚至是你擅长的，但是如果你做得太多，也将两手空空，毫无所获。

现在，使用这张图评测你接下来的日子。你"在火焰上"花费了多少时间和精力？"在蜡烛上"花费了多少时间和精力？这些又是怎样影响你的能量水平的？要增强你的能量并制订更可持续的节奏步调，思考下列问题：

●你怎样才能在"火焰"部分花费更多的时间，在"蜡烛"部分花费更少的时间？

●蜡烛是支持你的火焰燃烧还是会将其淹没？

●你会做哪些让你精力充沛的活动来点亮疲惫的一天？

●你怎样混合、搭配你的"火焰"活动和"蜡烛"活动来调控你一天中的能量水平？

- 你怎样通过改变工作方式，来从"蜡烛"状态转变为"火焰"状态？（例如，如果业务计划消耗你的精力但是户外活动使你精力充沛，你可以将计划的会议放到室外并将其和散步结合。）

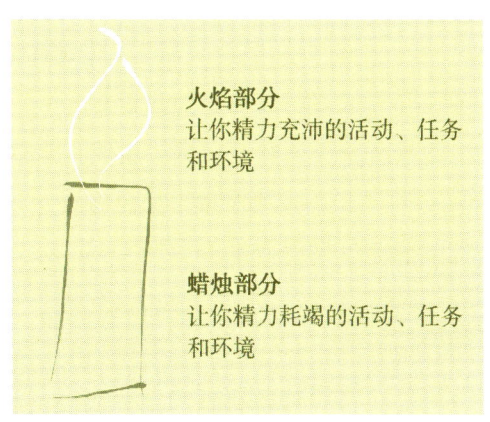

火焰部分
让你精力充沛的活动、任务和环境

蜡烛部分
让你精力耗竭的活动、任务和环境

高效开启一天

你怎样开启一天？磕磕绊绊地起床，动作僵硬麻木？还是闹钟一响就立马起床，好像有一百万件事在等待你的关注？抑或关掉闹钟就直接查看你的邮件？

你如何醒来？

有些人很相信晨练的效果：晨练能加快血液流通，使他们的大脑和身体率先在早晨工作。我必须承认，早起七点跑步的那些日子，感觉超级舒畅！还有一些人偏爱更柔和地醒来：或许是一个缓慢的伸展运动或者宁静的冥想。他们的大脑像在独品一杯安静的茶，或许在品其中一杯茶时，他们说，"嗯……先不要跟我说话"。

我的一位朋友发现，起床前坐在床上做一些柔和的伸展运动，再喝一杯水有助于她在进入"工作"模式前顺利醒来。另一位朋友觉得，闹钟一响立刻起床有助于她摆脱早晨的昏睡，而不是躺在床上再赖几分钟。我的同事凯蒂最近发现，早上起床前花 5～10 分钟在床上摆出有力的姿势[5] 能让她更开心、更有精力、更有力量。

进入工作模式

我们的大脑可以注意模式和信号。什么信号促使你的大脑在家庭模式和工作模式之间转换？如果你去办公室工作，这一转换可能在通勤路上就发生了。如果你在家工作，你或许需要创造或者再造这一信号。

我认识一位财务顾问，他很享受脱去西装的样子，可当他在家工作时却发现，只有当他戴上领带才感觉在工作。另外一位朋友每天早晨和晚上绕街区步行，以此开始和结束每天的工作日。我的丈夫甚至发现，当他在家工作时，用指定的工作杯喝水有助于帮他进入工作模式。

当然，只要你能找到让你进入工作模式的方式，穿着睡衣工作也没什么不对。要工作时，想一下那些能给你信号的小事，例如吃早饭或者刮胡子，放着音乐，听你常听的早间广播秀或者冥想 10 分钟。

从检查自己开始

早上先确认自己的邮件是一种诱惑。尤其是你的手机同时也是闹钟，而且就在你的床附近充电时。但是当你检查自己之前先查看其他人的事情时，你就非常容易让别人的日程掌控你的时间。一条糟糕的消息可能会奠定你一天的基调。在你有机会从你的角度决定什么才是真正重要的事之前，无法预料的问题或者挑战可能会使你离题万里。

这个世界充满着各种信息。如果你对自己的日程不是很清楚，那就太容易被一条又一条信息淹没了，而你将花上一天时间对那些叫嚣得最响的人或事做出反应。我经常鼓励客户做的一件事是，在他们早上查看别人的事情之前，先花半小时检查他们自己。

比如：

● 写下你一天的"要事清单"。你首先要做的三件事，在打开你的邮件之前将它们记在便利贴上。

● 将你的邮箱界面默认设置为日历视图或者任务视图，而不是一打开就进入收件箱。如果你是谷歌浏览器的用户，查看动量（Momentum）这一拓展程序，在这里你可以设定一天的目标，你每次打开一个新的浏览器标签都会获得激励和提醒。

选择你的关注点

有一天，我不想起床。屋外天空灰暗，空气潮湿，而我暖和地躺在床上，睡意朦胧。起床后我感到很疲惫，当我把孩子们收拾妥当，我感到奇怪为什么临出门我们又要找东西，然后我火速把女儿"送到了"她教室外的水坑里，因为我没有注意到我太累了。

此时我意识到我需要做出选择，否则疲惫会控制我。我选择在瓢泼大雨中奔跑，放弃了要保持干爽的念头，雨中奔跑让我倍感清爽！我的邻居和道路工人看到我都露出了微笑，这也让我露出了笑容（欢笑总是有帮助的）。它奏效了，我清醒了。我依然疲惫，但是我很清醒而且充满活力，这让我和我的一天产生了巨大的不同。

你呢？如果你不喜欢在雨中奔跑，100万年也不会做一次，那也没关系。那是你的选择，这才是重点。

如果你面前有空闲的一天，你将选择做什么来填满它？如果你接下来的一天十分忙碌，排满了各种任务，你选择如何处理？是慌张地还是充满激情地？是心怀恐惧地还是无比坚定地？你内心需要进行艰难的对话：你会选择什么？耐心？同情？自信？牛气？

工作中充满压力，每个人都感受到压力并且相互攻击——你会选择加入还是抗拒这个风潮，做始终微笑的那个人？把你带出舒适区的这些事——你会选择逃避、勉强还是选择全身心投入？面对超出你控制的情况，它令人痛苦、十分困难而且无法避免——你会选择生活在挫败感和沮丧中，还是选择生活在勇气、希望、信任、友善、幽默或者好友的陪伴中？

无论发生什么，你总有选择权。有时是大事的选择，有时是小事的选择。有时选择会改变你周围的世界，而另一些时候选择会改变你。

你今天选择做什么？

保持干劲（当工作源源不断时做什么）

"每天早上我都要面对满满当当的待办清单，充满能量、积极乐观地前行。来吧，继续，让我们干活吧。午饭时，我的能量开始降低，而终点遥遥无期。一天结束时，我筋疲力尽，感到失望迷茫（时间去哪儿了？），然后继续用未完成的事填塞第二天早已列满的事项表。"

工作源源不断时，我们很难找到干劲和动机，惰性和拖延会更容易发生。毕竟，如果前面还有更多工作在等着，继续工作并将其完成有什么激励呢？另一方面，我们发现自己一直在工作从未停止，而同时已在这一过程中失去了兴趣、激情和欢乐。热爱的工作变成了苦差事，我们筋疲力尽，无法再热爱工作。

工作不断，截止日期有时，我们可以自己定义看起来"已完成的工作"。

没有截止日期，容易丧失动力，工作进展缓慢。产品尚未发布，网站仍需调整，搜索引擎优化如此耗时而费力，你发现自己不情愿地湮没于工作中，而不是动力满满地向前。

没有截止日期，会容易因其他吸引你注意力的事分心。"我先看看这个，马上就会结束，我先处理一下这个……哦，还有那个……"由于任务庞杂，又陷入停滞。"哇！还有很多事要做。我不得不等到有更多时间后再做。最好先喝杯茶……"

如果有看得见的截止日期，你就有目标要达成。它会带给你方向、定义，使你有理由汇聚力量、精神饱满地向前。

芙蕾雅是这样一个人：在项目开始时火力全开，因为她精力澎湃。在早期阶段，由于她精力太过充沛，以至于完成的工作经常比她计划的多。她浏览待办清单，发现当天还有空闲，就增加了一些工作。但是随后她筋疲力竭，能量耗尽，开始回想生活中所有被搁置、延误的事，然后开始思考究竟怎样才能合理安排。

当她来到我的"40 天每天一小步"项目时，她为自己订立的目标是在夏季假期前完成列表中的所有事项。她决定自我调整，遵守每日的截止时间，而不是尽她所能地快速完成。任何时候，她只要完成到待办事项清单的结尾处就允许自己停下来，而不是再多做一件事。她选择休息，早些下班，庆祝"已完成"工作并享受自己的时间。

结果是，她发现自己在整个 40 天里都更有精力了。她能够保持步调前进，而不是在最初的十几天里尽快前进，随后耗尽精力。是的，在那期间有高潮也有低谷——有几周相比其他时间来说更高效——最终，她减少了拖延，完成了更多工作，也有更多休息时间，获得了更大的满足感。在夏季假期之前，她完成了她想做的所有事情，并向自己证明了，不忙死，她也能做完。

坏消息是工作从来都是源源不断的，但好消息是我们可以自己制订截止日期。我们可以定义看起来"已完成的工作"。当我们遵守截止日期，当我们享受截止日期外的生活，每一条战线都令人满意，而且我们还发现拥有了更多前行的动力。

你每天的截止线在哪里？你今天什么时候结束？

忘掉工作，补充能量

"如果你暂停几分钟，每件事都会重新前进，包括你。"

安·拉莫特（Anne Lamott）

有时我们需要把大脑积极地从工作中转移出来。我们经常关掉了笔记本电脑，身体离开了办公室，但脑中还想着工作。我们经常将效率和工作联系起来：效率高的一天通常是设定目标、把事情做好、努力工作以实现目标的一天。但你如何度过你的闲暇时间？

这更多的是事后的想法吗——一旦你完成了已计划好的事？你有没有在拖延某些事，并告诉自己"等完成任务，我就休息下"？你会用杂务和零活把它填得满满当当吗？休息日：洗衣服、修理房门、做头发、购买圣诞礼物、交电费、文件分类、洗车……

我们通常把闲暇时间视作无价值的，而且某种程度上认为它是不重要的。我们轻视闲暇时间，将其推后，甚至避免闲暇。当我们发现自己闲下来时，却忘记了该如何度过，更别说珍视它。以至于我们更有可能感到内疚，再去努力工作证明闲暇是合理的，甚至因为有闲暇时间而感到抱歉——这真是彻彻底底的荒谬。

充电是补充能量，没有能量就不会有效率。充电等于效率。充电并不奢侈，它是效率的燃料。

浮动曲线

没有人比运动员更明白这一点了。运动员完成一项比赛后，直接奔回体育馆，再进入下一场比赛或者进行更多训练，这是完全不可思议的，一般不可能发生。运动员明白我们其余人忽视的一点：恢复是工作的重要组成部分，在不工作时做的事会直接影响我们的工作表现。

我们一直在压力下工作不休息会完全适得其反。

心理学家和弹性工作专家罗布·阿切尔（Rob Archer）经常会问，"你的能量曲线是如何摇摆的？因为我们人类天生在良好的工作表现后需要恢复的时间，活动后需要休息，工作期间也需要稍事休息。我们的人体节律遵循'浮动曲线'，时上时下。我们就是这样保持高峰表现和健康的。"

你的浮动曲线是怎样的？它是时上时下，还是只是平稳的直线（对于任何活着的生命，这可从来不是好现象!）？

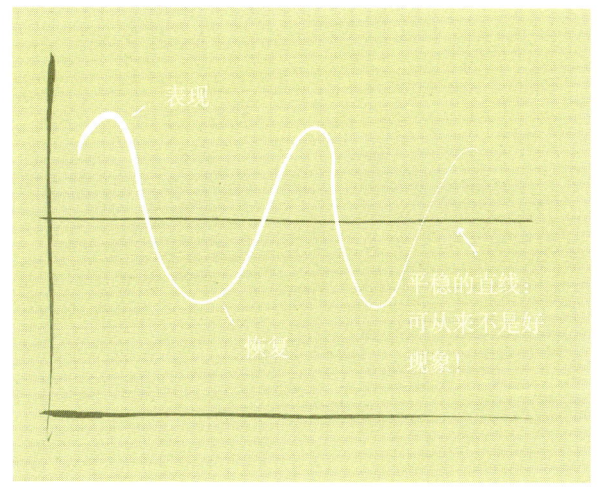

你的浮动曲线是怎样的？

为了更好地工作和生活，我们需要有一个恢复的节奏——每天，每周，每月，每个季节甚至每年；从工作中抽出时间来充电，这样我们回归时就会能量满满。

待命

你会如何度过闲暇时间？你是真正充电了还是仅仅处于待命状态，等待重返工作？回家，放下工具，休闲，坐在电视前，网上冲浪，玩些愚蠢的游戏——任何不需要动脑子的事，只是让它把你的大脑填满，不会彻底停滞或者重启工作。

这是很容易的选择，不需要很多思考或者设定。你在任何地方都可以做，尤其是你的手机上有"糖果粉碎传奇"游戏时。而且在一定程度上，它确实能保存能量，但也仅仅是极小量的充电。

我自己会做一些平时在做的事情，让自己处于待机状态，而不是给自己充电。我知道，我被它们吸引是想轻松一下，但是几小时后，我感觉和之前一样筋疲力尽，只不过累的时间延后了一点，离我需要恢复状态的时间近了几小时。

独处还是陪伴

我丈夫是一个非常内向的人，这么说的意思是他充电的时候得一个人待着。他喜欢花时间和家人、朋友在一起，享受愉快的交谈（尤其是技术类的交谈），但是当他忙了一周，尤其是一周的时间都跟人接触时，他需要有些独处的时间。

我们将其称为他的"洞穴时间"。他可能会待在车库里，会骑他的摩托车，出去散步或者去某个地方旅行。只要是他一个人就行，去哪里都没关系。没有独处时间的话，他会变得暴躁、狂怒，无法正常思考。一旦他拥有了独处时间，他就会重新充电，做好准备，渴望再次前行。当我们比照日志，想弄清楚谁负责解决上学和照顾孩子的后勤工作时，我们经常会有这样的对话："你下次的'洞穴时间'是什么时候？"我认识的很多内向的领导者都会独处。他们每6周会安排一个周末，或者每个月安排一整天独处。例如，他们会提前在日记中记下来，并把它作为自己生活节奏的重要组成部分。

我是个外向的人。一般来说，我觉得人们的陪伴会让人充满活力。与朋友们度过一个活力满满的畅谈之夜后，我会比之前更加精力充沛，尤其是之前整天都待在办公桌前，很少与人交流的时候。我很幸运，我的大部分工作都是和人在一起——说话、训练、指导，但当我连着几周时间都要忙于很多提案、电子表格，捣鼓自己的网站时，我会特意安排自己和朋友一起喝咖啡、吃午餐或者跑步，来给自己充电。

话虽如此，尽管和别人在一起让我充满活力，但我仍然需要时间来独处。我以前从未真正意识到这一点，直到我有了孩子后，我发现自己根本没有时间独自待着，我甚至开始渴望独处5分钟。所以现在，我看着自己的日记，看着一个接一个计划的研讨会，我会确保自己有一整天的时间来恢

复，追上自己的步伐（外向者的小秘密：我们的独处可能是
在一个咖啡馆里看书，被做着自己事情的人们围着，而不是
完全一个人待在山洞里！）。

静修

多么有趣的一个词。在一场战斗中，当有人喊"撤
退！"，你会觉得事情进展得并不顺利。撤退是最后的手段，
是失败、软弱的表现。然而，当我想到温泉疗养地或者作家
的疗养地时，我想到的是放纵，这是我喜欢、享受和欢迎的
事情。我可以借机休息，放纵和滋养一部分的自己——不管
是我干燥的皮肤、内心的平静，还是我写作的怪癖。

对你来说什么是静修？什么能满足你并且滋养你的灵
魂？写作对我丈夫来说并不是最合适的，但是当他被一个由
钻头、工具组成的引擎包围而且没有截止期限，这种逃避方
式可能更适合他。有些周末，我喜欢回到厨房，不慌不忙地
做饭，而对我的一些朋友来说，这简直是折磨。其实，我还
有一些朋友认为在泥泞中奔跑，以及在冰冷的湖里游泳是完
美的静修！

娱乐

充电并不意味着要一直休息（尽管没有以某种方式休息
是没办法充电的）。有时候充电是要做一些积极的事情。对
我来说，好好地跑一次步可以让我奇迹般地充满活力。和朋

友们在一起、嬉笑、离开室内、唱歌、阅读、烹饪、跳舞、在蹦床上跳跃、和我的孩子们一起坐高空滑索，这些事情都需要我动起来，而且它们可以让我充电。

我会在我们教堂的礼拜乐队中担任轮流伴唱。对我来说，这不是一种义务或者是另一件需要做的事情——这项服务是一种荣誉，也是我认真对待的一份承诺，这也是我充电的一种方式。你最喜欢做什么？什么让你感觉比以前更有活力、更加精力充沛？什么样的活动、公司和环境能积极地激励你？

燃料

什么会让你兴奋？什么可以提升你的创造力和动力？什么激励着你？观看 20 分钟演讲、午餐时谈谈自己感兴趣的话题，或者花一天时间参加一个会议、和鼓舞人心的人在一起建立工作关系，这些都提醒了我，我为什么会做现在正在做的事情，同时也可以奇迹般地提高我的动力和生产力。你需要什么燃料？你去哪里寻找自己的燃料？你多久进行一次燃料供应？

20 个微小的快乐瞬间

心理学家罗布·阿切尔指出：

"每个人都会累，但疲惫是不一样的。通常情况下，我们对疲惫的反应是削减那些赋予我们意义、目标和快乐的东西。我们摆脱这些是为了保存精力，但当我们这样做时，我们也挤开了生活中的快乐，只剩下枯燥无味的日常——当你把疲惫和缺乏快乐结合在一起时，就会滋生倦怠和健康问题。"

在早期的教练生涯中，我学到的一个练习是列出 20 件能带给你快乐的小事。不是像"当我站在乞力马扎罗山山顶上"或者"我结婚时"这样的大事，而是一些小事，像是闻闻新剪下来的花，或者当你挠狗狗的头时狗狗拧紧了它的脸之类。你每天可以做、可以拥有或经历的那些能带给你快乐的小事。

现在就开始列下你的清单——你的 20 件小事是什么？

1. _____
2. _____
3. _____
4. _____
5. _____
6. _____
7. _____
8. _____
9. _____

10. _____

11. _____

12. _____

13. _____

14. _____

15. _____

16. _____

17. _____

18. _____

19. _____

20. _____

放慢的艺术

　　我不是一个做事慢的人，我天生急躁，追求快速、丰富、多样、积极、充满活力的事物。相比放慢速度，我更喜欢加速。这些年来这对我很有帮助。我在 25 岁的时候经历了生活危机，现在我全心全意地热爱我的工作，而不是在接下来的 20 年里陷入一份我要去尽力热爱的工作上。

　　我确信自己应该待在舒适区外，在大脑本能地表示害怕之前，就快速地决定跳出舒适区。我对追求生产力的探索源于我不想等到孩子长大后再开始我的事业。从本质上来说，性急是我把事情做好的原因。

但是最近我开始怀疑自己是否错过了一个技巧，我开始品玩放慢速度这门艺术。在追求生产力的世界里，我们经常谈论的是把事情做得更快、更聪明、更容易。但是慢一点会怎么样？事实上，放慢速度可以从六个方面提高我们的生产力。

决策

我快速做出的决定并不总是最好的决定。诚然，有时候我需要立刻做出决定，很多时候我只是需要挑选一些东西，而不应该陷入选择困难中（出去吃饭时问我丈夫就行了！）。但也有一些时候，我快速地做出了一个当时觉得很好的决定，可等我有时间来思考真正想要的东西时，最后还是得大费周章地修正或者更改它。

规划

提姆·菲利斯（Tim Ferris）是《每周工作 4 小时》（*The 4 Hours Work Week*）的作者，他说：

> "放慢速度，并谨记一点：大多数事情根本没有什么区别。忙碌是一种精神上的懒惰——思维懒惰且行动无序。"

我们知道行动不等同于生产效率，忙碌不等同于在处理要事，但是忙碌仍然有着令人难以置信的吸引力，因为它让人感觉富有成效。相反，思考的时候不会给人这样的感觉。正如一名研讨会的代表所说，"当停下来思考时，我总觉得自己是在浪费时间。我觉得自己应该继续忙下去。"

只有当我们放慢速度，给自己思考的时间，我们才会注意到做完事情和做正确的事情（并且把它们做好）之间的区别，才会问自己一些尖锐的问题，比如"我到底在这里做什么?"。只有那时，我们才会觉得思考的这段时间是有成效的。

沟通

人们说，当你生气或者赶时间的时候不要发邮件，这样很容易把错误的东西发送给错误的人或者说一些会后悔的话。看到令人发笑的打字错误和滑稽的自动更正后的对话，我们都曾哈哈大笑过。我们可能也同样有过类似的可怕经历：一封仓促回复的电子邮件带来了混乱、尴尬、冒犯甚至造成了公开的战争。

放慢速度，可以让我们的逻辑大脑跟上情绪。它可以让我们确定自己想要怎么回应，而不仅仅是做出反应。最近我通过自己的回应处理了一个投诉——我觉得自己够专业了，但是反思过后，我意识到这并不符合我的价值观。我已无法改变我的回应，但是我花时间重新写了一个更好的回复保存在我的文件中，作为未来处理投诉的模板。

我们与自己的对话也是如此——存在于我们自己头脑中的对话。我知道当我赶时间时，内心的那个批评家要严厉得多。当我放慢速度时，我会更善良、更理智，也更加有灵感。

创造力

我们是人，不是机器。我们的生产力不仅仅依靠速度和效率，还取决于创造力、直觉和创新，这些东西需要一定的空间才能激发出来。强迫灵感的产生无疑是最快消灭灵感的方法。其实有时候，当我真正陷入困境时，我发现释放压力正好可以激发我的创造力。

最近我跟另一位作家坦白，有时候我会重读自己的作品——那些让我特别自豪的作品。这会让人感觉我特别纵容自己，已自负到了令人尴尬的程度，而且极其低效。但是我的朋友提醒我，我只是沉浸在自己的艺术中。如果这激发了我的创造力，它实际上是很高效的。

压力

匆忙地做完一件事就接着做另一件事，这对你的健康和效率大都没有好处。没错，一定水平的肾上腺素确实非常有用，它可以战胜惰性，激发动力。但是当压力过大时，我们会犯错误，做出糟糕的决定，会误判和误读形势，而且更有可能陷入被动的应对境地，从而不能有效推进真正重要的事情。

　　放慢速度的行为可以减小压力。下次你觉得自己紧张或者感到匆忙时，请有意地放慢速度。走慢一点，说话慢一点，慢慢地进行深呼吸，你会感受到自己的思维正慢慢地变得清晰。

幸福感

　　生活中最棒的时刻是我们所无法预料的。我们匆匆忙忙地从一件事到另一件事，事情安排得太过紧密会让我们错过一些瞬间：和一个非常友好的出租车司机聊天；你的女儿想和你聊一聊海豚的时候；你每天走路经过雕像，却从来没有真正停下来看看它，都不知道它是由树雕刻而成的。

　　以度假为例，最显眼的不是那些行程紧凑的度假时间。对我来说，最难忘的是悠闲的平常日子。我坐在爸爸的花园里看书，孩子们在一旁浇花、摘浆果、喂鱼，在湖边吹泡泡；跑一个小时——仅仅因为我喜欢才跑——而且，在一定的时间内，我不必急着回去。甚至我的孩子最美好的回忆也更有可能是在蹦床上跳几小时，而不是在主题公园排几小时的队。

　　在这个世界上，时间很宝贵，我们不要忘记慢慢享受，享受我们拥有的时光，而不仅仅是更快、更有效率地忙完所有事情。当我们放慢脚步，工作会变得更好，生活也会变得更丰富。

松开刹车

话虽如此，放慢速度并非总是把事情变得更简单。

我曾和一个可爱的助理聊天，她说，她发现自己在拖延，无所事事，回避做出决定，做任何事情都要花更长的时间，她知道她有能力接待更多的客户，整个上午都在做事情。但坦率地说，如果有压迫感，她在一个上午做的事情只需要20分钟就能搞定。她渴望有截止日期，渴望紧迫感，渴望在多重承诺之间周旋的这种挑战，渴望客户要求她在最后一刻把他们从困境中解救出来。

刚和另一个感觉完全相反的客户待了几天，让我忍俊不禁。我很好奇我们做事时是不是都有最佳工作速度——这时候我们能从工作中获得最大的产出、满足感和乐趣？

走得太快时，我们会觉得事情变得难以应对、自己无法支撑、丧失乐趣；但走得太慢时，我们也会很辛苦。就像卡在两挡之间的汽车：一挡开得有点快，但另一挡又开得不够快。转速有点过高了，发动机突突作响，开起来并不舒服。保持这样的速度需要付出努力，不是只把脚踩得更低一点，然后提个挡，你就可以一路兜风了，可能还需要更多的燃料。

走得太慢则让人昏昏欲睡，疲惫不堪。出发、保持前进需要付出更多的努力——就像在寒冷的日子里尝试启动电池电量不足的汽车。它可能具有欺骗性，会分散注意力：只要你觉得有足够的时间，就很容易注意到无穷无尽的吸引人的事物、微不足道的工作、一些唠叨和想法……走得太慢也会让你无精打采，在这种状态下，你觉得自己没有能力做任何创造性的、复杂的或者超出你舒适区的事情，这会削弱你的动力、自信和果断力。

加快速度

如果你觉得自己的速度太慢，困在了某个地方，也许是时候挑战自己、加快速度了。如果你能在 3 天内就完成你原本要花 5 天的工作呢？帕金森定律指出，工作会随着时间的增加而增加，那为什么不给自己设一个截止日期，看看自己是否能迎接挑战呢？

信息技术行业的商业顾问理查德·塔博决定尝试一下每周工作 4 天。他履行承诺，周五休假。他发现经过一些调整后，他适应了每周 4 天的工作节奏，这样周五就有了时间做其他事情。

如果你一天之内要做的事可以在 6 小时而不是 8 小时内结束会怎样？另外两小时，你会做什么？接受一个新项目，增加业务或者开始进行那件你曾一直推迟的雄心勃勃的事情？做一些有趣的事，见一见很久以来就想见的人，或者做一些全心全意对自己好的事情？

你的最佳速度是怎样的？

在哪里你需要减慢速度？在哪里你可以加快速度？你如何控制自己的速度？作为人类，我们有能力以各种速度运转：当我们用心去做时，我们可以跑得比想象中更快；当我们选择慢下来时，我们也可以故意放慢速度，尽情享受生活。面对现实吧，当我们把生活和工作融合在一起时，肯定会更有趣。

工作—生活节奏：工作指南

自从 9 年前成为妈妈后，我已经很久没有朝九晚五地工作了。我一直在努力尝试不同的工作模式——从一周两个上午到一周三天，或晚上、周末，我的工作时间还得益于孩子们随时到来的午睡时间、托儿所、保姆和支持我的好朋友。

我从来不知道该如何回答"你一周工作多少小时？"这个问题，因为每周都不一样。去年 9 月，我最小的孩子也开始上学了，我发现自己每周重新拥有了 5 天时间来工作。这同样也是一个新尝试。

有时候感觉一天特别短，我会在漫长的时间里感叹："什么？已经 3 点了！"在放纵自我的日子里，我会和最好的朋友一起跑出去，没有电话信号的干扰，在温泉浴场过一天（因为，如果我不做这样的事情，它就永远不会发生）；也有一些比较随意的日子，我会特别早地起床开会，写三篇文章，然后去找复活节彩蛋，看一场汤匙运鸡蛋比赛，观看我的两个孩子在舞台上表演——一个演小鸡，另一个演的是《暴风雨》。

事情并非一直都在顺利进行，至少不是我原来计划的那样。在关于拒绝方面，我有一些有趣的经验，其中就包括，我曾经拒绝了和休·格兰特一起工作的机会，选择了对我而言真正重要的事情。比如说那天我先在伯明翰做了一场研讨会，然后回到斯塔福德看了《庞奇和朱迪》，和我的女儿一起吃了冰激凌庆祝她们学前班毕业，随后跳上了另一列去伦敦的火车。

一些朋友认为我很疯狂。我的一个同事说我"太可怕了!"。恰恰相反，我正在实现自己的梦想。如同我跟他们说的，我不会做出其他别的选择。我做着喜欢的工作，和喜欢的人一起工作，随时帮助我喜欢的人。虽然，工作确实比较辛苦；我确实在努力应对；确实，还挺混乱的。

我一点也不觉得这是平衡的，但没有关系，因为我从来都不相信平衡这一说。相反，我一直学着去寻找自己的节奏。这绝对是一件要不停尝试的事情。但是到目前为止，我学到了以下几点：

- 生活中有高潮和低谷，潮起潮落。生活不是一成不变的，所以不要追求"一碗水端正"。一般来说，水平的一条线往往说明缺少生活经历。

● 当生活加快速度时，允许自己快步追上，你会发现自己确实可以做到。你甚至会觉得它令人上瘾——可别说我没有提醒过你！

● 刻意停顿。不要等到音乐停止，要有意识地留时间给自己去停止、暂停、深呼吸、恢复和充电。

● 稳定的节奏可以将所有东西结合成一体。养成习惯，形成体系，为自己确定一些固定不变的事情。

● 不要开始之前就想着列出所有的步骤。想要找到你的最佳状态，唯一的方法就是开始行动。

● 学会加速和减速。两者都有美感和亮点。我今年的大部分学习都是在享受过山车般刺激的同时，也沉浸在悠闲的生活中。不要希望摆脱其中任何一种。

● 凡事都有个关键时点。无论你选择在哪一刻做什么，都要全心全意去做。

● 工作中有生活，工作之外也有生活。不要忘记享受生活。

● 按照你的节奏走。边走边修正。有时你可能会跌倒，有时你也能翱翔。

● 凡事都可以商量。创建属于自己的规则。

牛刀小试

工作和生活

我有多少弹性工作时间？这种弹性工作制给了我什么机遇和挑战？

我需要把自己的终点设在哪？

我的工作—生活融合得怎么样？我在工作中和工作之外是一样的吗？

我在工作中和工作外的生活质量如何？我可以采取什么样的行动去改善它？

我的工作—生活节奏怎么样？我想让它变成什么样？

日常节奏

我的最佳时间是什么时候？在这个时候最适合做什么？

可以帮助我更好地开始新一天的三件事是：

1. _____

2. _____

3. _____

可以让我充满活力的工作是：

_____

让我感到筋疲力尽的工作是：

_____

我的生活线有多曲折？

_____

我的恢复策略

帮助我补充能量、充电和恢复精力的五件事是：

1. _____

2. _____

3. _____

4. _____

5. _____

巧妙运用自己的速度

我可以尝试放慢速度的两种方法是：

1. _____

2. _____

我可以尝试加快速度的两种方法是：

1. _____

2. _____

第九章

别再自责了

压力和自责常常驱使我们提高效率，但在压力和自责的推动下，生活会变得黯淡无光，而且效率也不高。本章将揭示这些因素如何真正影响我们的效率，以及我们如何改变对这些因素的回应方式，夺回对自己生活和工作的主导权。

自责正在偷走你的时间吗？

为了高效，我们大量地谈论时间、组织机构、工具、时间表、技术、电子邮件、娱乐、分心的事、动机、观念模式、愿景、行动、拖延、截止期限和注意力。

有一件事我时有耳闻，但大家都没有明确谈论过。它隐藏在没能说"不"的沮丧和赶工熬夜的劳累中，它潜伏在

"我很愿意，但是……"和"如果有时间就好了"中，它在想要把每件事都做好的压力中徘徊。在担心让人家失望，在挣扎般的尝试、失败中，在想取悦每个人、把每件事都做好的时候，我都听到了。

这就是自责。

"当我因工作而没有和我的孩子在一起，或者当我和孩子们在一起却没有工作时，我会感到自责。"

"我不仅会因忽略了自己的健康而自责，也会因休假而感到自责。"

"我会为必须工作到很晚而自责，当我离开办公室的时候我也会感到自责。"

"我度假时会感到自责，当我没有足够的时间休假时也会感到自责。"

"当我知道黑莓手机上有电子邮件在等我，我会带着自责醒来。"

自责会在任何场合冒出来。在工作时，不在工作时；我们露面，或停止谈话时；把工作带回家，有工作没完成时；错过学校的演出、体育比赛和睡觉时；因为孩子生病、学校停课而休假时；当我们忘记生日、错过截止期限，以及不能忘记工作时，我们都会自责。

自责不断告诉我们："你没有足够的时间，你做得还不够。"某些人甚至利用自责来激励自己和其他人：你必须做得更多。

但自责实际上起到了什么作用？

自责分散我们的精力

你有没有注意到，越是责怪自己没做某件事，你越是不会去做这件事？当你工作时，自责告诉你：你正在忽略你的家庭、自身健康、房子或者你的人际关系。当你不在工作时，自责会轻轻敲击你的肩膀提醒你，有邮件忘记发送了或是还有会议没有准备。

当你计较损失时，自责便油然而生：这些损失是你错过的所有事情，没有做的或者手头没在做的。你忘了和孩子们在一起的那些美好的周日下午，却去计算不曾和他们共度的时间。你忘了当没有你扶着，他从自行车上跳下来的神奇时刻，却在为因为工作错过他的第一步而自责。你忘了刚刚还在工作中巧施妙计，大获成功，却一直在关注着待办事项表上的工作。

自责就是这样，它会分散并减弱我们的能力。正如当我们朝一个方向行驶时，如果往另一个方向看会很耗费精力，而且老实说这样容易出事。如果你不断回过头看，你就无法集中精力，何况自责会让我们不断关注自己没做的事。

自责让我们的时间价值降低

斯坦福大学商学院的研究表明，时间充裕的人，即那些感觉自己有很多时间的人，他们经常感觉良好，并能投入到当前的状态中。

自责，从另一方面说，偷走了我们活在当下的这种能力。我们忧虑那些没有时间做的事，不曾做过的事，以及没能做好的事，而不是享受我们正拥有的时光。自责让我们消磨时间：我们的身体可能活在当下，但思想却开始游荡，反复对过去的遗憾和未来忧心忡忡，而不是让我们专注当下，去体验眼前正在做的事情。

忧虑本身消耗时间、精力和注意力。正如板球运动员格伦·特纳（Glenn Turner）所说的："忧虑就像摇椅，它让你去做一些事情，但是毫无进展。"你越担心时间不够，你拥有的时间就越少。

自责让我们丧失行动力

你是不是一直告诉自己，等有时间了我就去做这件事？你一直说"只要有时间就做"的是哪件事？这件事你是否一直拖延，等着有一天其他所有事都做完了，你终于"有时间了"再做？

自责会阻碍我们去追求对自己真正有意义的事物：大胆的商业想法或者需要勇气的职业举措，你一直想要的旅行或者你想要写的书，对你有意义但是可能没有其他人曾去追寻的事物。

做个摇椅试验：试想一下你在 96 岁回忆起生活：最值

得你骄傲的事是什么？什么事是你想花时间好好去做的？机会恰恰是那些自责告诉我们没有时间去做的事。

没有足够的时间

自责不经意间渗入并随时出现。在某时段的某处，我们接受自责，把它当作我们生活中永远的一部分，一直在我们肩上，在餐桌上，在浴室和孩子们在一起等，它持久的信息是："不够"。没有足够的时间，做得不够，不够好，在自责推动下的生活是一种充满恐惧的生活，就算事事顺心，也还是不够。

自责让我们一直相信自己没有充足的时间，但是你有没有想过正是自责偷走了我们的时间呢？如果停止让自责霸占我们的时间，又会怎样？如果我们对自责说不，又会怎样？

如果我们说够了，又会怎样？

如果已经受够了自责，受够了从没有拥有过、做过，或者已经受够了这样令人厌倦的循环（说大实话，那些不管用），那么让我们在此定义一下和时间的关系，让我们开始和时间进行交谈，让我们摆脱自责，谈一谈时间的真相。

自责告诉我们永远不够。所以，我们先开始感受"足够"。让我们谈谈有时间做什么，而不是没有时间做什么；让我们从自身拥有什么和正在做什么开始；让我们为已经这么做而庆贺。

当你从足够开始时，你就不会再为寻找更多而分心，你会最大限度地利用你所拥有的东西。你拥有多少时间？10分钟？10天？10个月？你会集中精力在你所拥有的事物上面，会思考用它们做什么，而不是希望拥有更多。

当你开始知足，你会感激你所拥有的一切。你会为它估价，爱上它，珍惜它，享受它，而不是担心接下来可能会发生什么，不确定所有事下周会怎么进行，是吗？这样，你将一切顺利，解决所有出现的问题。如果现在不是想办法解决问题的时候，那就顺其自然，集中精力在人、在此刻，或在你面前的一小块食物上，享受它。

当你从感到足够起步，你就不会再止步不前。这是你真正的开始，你知道奇迹将在哪里发生：从满足开始，我们成长着并创造着。

你拥有的足够多了。你做得足够好了。你已经够好了。

在你满足之后，你打算再做什么呢？

怎样让自己感觉拥有更多的时间？

2012年，心理科学家梅兰妮·汝德（Melanie Rudde）、詹妮弗·阿卡（Jennifer Aaker）和凯瑟琳·佛斯（Kathleen Vohs）开始了一项研究。这项研究让我们理解是什么让人们感觉自己有更多的时间，是什么让一些人觉得时间充裕而另一些人却觉得时间贫乏。

他们研究敬畏——一种被当下时刻迷住的体验：

"无论是大峡谷的惊人广袤、北极光的超凡美丽，还是从埃菲尔铁塔顶部远眺那令人振奋的景观——在生活的某些时候，我们都拥有一种感觉，那就是压倒一切的敬畏。"

他们发现敬畏会改变我们对时间的主观体验，它让时间慢了下来——不是秒针的实际嘀嗒声慢了下来，而是人们对时间的体验慢了下来。这延长了我们对时间的感知。

"当你感到敬畏，你就会感觉当下——它将在当下时刻吸引你。"汝德说到，"当你极度专注于这里和现在，当下的时刻就被延长了——而时间会跟随着这种感觉一起拉长。"

这与盖伊·亨德里克（Gay Hendrick）在《伟大的飞跃》（*The Big Leap*）一书中所述的爱因斯坦时间理论（时间是相对的）相一致，而爱因斯坦时间理论与牛顿时间理论（时间是有限的）是相对的。和爱人在一起时，一小时感觉就像一分钟；在热烘烘的炉子上一分钟感觉像一小时。根据我们所做的事情，空间似乎会缩小或扩大，时间似乎会减慢或加速。

正如一位人力主管所说：

"我从早上8点工作到下午5点，吃午饭的半小时是最让我开心的，因为它感觉像是两小时。时间真是妙不可言。"

敬畏也让我们感觉有更多可用的时间。我们会变得更有耐心，更远离物质享乐，更愿意花时间帮助他人。

那些感觉拥有更多时间的人会对他们的时间更慷慨，也会更满意他们的生活：

"敬畏的体验把人们带进当下，而当下正是敬畏调整时间感知、影响、决策，并让生活比实际发生的更令人满意的基础。"

奇妙时刻

产生敬畏之心是不是很简单？你曾到巴黎或者大峡谷旅游过吗？或者其实不用跑到这些地方你也能产生同样的感受？

可能这是一种被落日或者陌生人的慷慨完美征服的感觉，或是完全沉浸在一本书、一件艺术品、一个泡泡浴中，或是生活中那些让你惊讶和快乐得起鸡皮疙瘩的时刻。

让我们做一个实验——开始注意你的奇妙时刻并让自己被这些时刻吸引住。

抓住它们——把它们写下来或者告诉其他人。我有一位客户很珍惜四种东西：成就、奇妙时刻、感激和学习时刻。每隔一个月，他会在一个笔记本上把它们大致写下来，现在他有五年的时光值得回味。

什么是你的奇妙时刻？无论是什么，当我们被当下时刻迷住，就感觉像是拥有了世界上所有的时间。

每日珍藏

有一个可爱的老人经常会到我写作的地方来——一家当地的小餐厅。写这本书时，我很快就成了餐厅"摆设"的一部分，因为我长期待在餐厅那个固定的地方。他是一个普通的老人——走出家门便是他日常生活轨迹的一部分，从玛莎超市买一些东西，然后在小餐厅驻足，喝一杯咖啡，读读报纸，通常他还会从工作人员那里得到额外的款待。

他曾在另一家小餐厅当过志愿者，这家餐厅我过去常带孩子们去（看上去我要依赖小餐厅而生活了），所以当他们还是婴孩时老人就认识他们了。通常我们会打打招呼，他会问候我的家人，然后我敲字，他坐下来喝咖啡、读报纸。

然而在一个美好的周五，小餐厅很忙。在我看到他刚进来又准备转身离去时，我已经连续干了好久的活，准备好好休息一下。看到没有空桌子，他沉下了脸。虽然工作人员让他等一等，他依然说明天再来。我叫了他，他朝我的方向看过来但并没有看到我，眼神中透出失望，肩膀耷拉着。

于是我奔向他，邀请他来我这边坐（他很不好意思，但我却热烈邀请）。

"你确定我不会打扰你吗？你不是有工作要做？"他问道。

我却毫不松口。

我们聊了许久——关于他的生活，他的家庭，他的回忆。他已经有很长时间没来这里了。因为有人倾听，所以他滔滔不绝地讲着故事。虽然我们认识已有 6 年，但在这几小时中，我才真正了解他。

"你真的让我度过了一个复活节周末。"他告诉我，"让我重温了这些回忆。"

"我没有烦到你吗?"他继续问。

"一点也没有。"我回答。

他一直为占用我的时间而道歉，并且一直想弄明白，我到底是特别喜欢听人说话，还是演技出众。

"你难道没有要做的工作吗?"

是的，我大概有 3 万字要写。但在那时候，这并不碍事。我看着那个男人兴高采烈地进来，他再次完美地经历了一遍他的日常，这对他来说是整个世界的记忆。我看到他眼睛里再次闪烁光芒，笑的时候肩膀跳动着，当他享受那些被倾倒到现在的快乐时光时，他的脸上洋溢着无与伦比的喜悦。

他坚持要给我买完午餐才肯离开，所以我让他请了客——如果他给我买了午餐，他就不会因"占用我的时间"而自责，因为那确实是一种快乐和特权。为了看到他恢复生机，那个时刻，无论我计划做什么，无论我的预期是什么，此时此刻我都在绝对正确的地点，做着绝对正确的事情，而我必须做的事就是坐下来聆听。

那也是他给我的礼物。看着这个男人带着如此真实和现实的快乐回忆过去的时刻——因为当他第一次经历这些时，他是全情投入的，时间被填满，这就是当下的礼物。当你完全享受那个时刻，之后也可以不断回味，一遍又一遍。

压力

压力在我们工作生活中已经非常普遍（按理说，它也是我们生活的一部分！）。有很多事会让我们产生压力：工作太多时，工作太少时，当所有事情马上要发生时，当看上去没有事情要发生时，都会让我们有压力。别人对我们的要求以及我们对自身的期望也会让我们产生压力。从经济状态或环境状况到找短裤、停车位和白头发，"我有压力"已经成为每日词汇的一部分，甚至在学校的孩子中也是如此。

当我们有压力时，真正发生了什么？这一定是坏事吗？

心理学家罗伯·阿彻（Rob Archer）认为人类已经进化得足够好，能够处理巨大的压力，却不能处理长期的压力。

某些事物会让我们产生应激反应，比如当我们被一头狮子追赶时，就会产生巨大的压力。人的压力反应会让身体准备好快速运动以保证生命安全：我们的注意力持续时间缩短了，这给予我们特别专注于一件事物的能力。能量从不太重要的器官（例如免疫和消化系统）转移到大块肌肉上（所以我们能快跑逃命!)。

　　当然，大多数人的压力可能是心理上的，而不是面对真正的狮子。人类拥有在任何我们喜欢的时候创造压力的能力：当我们碰上交谈困难时，当要做一个重大决策时，当航向发生变化或者要赶截止日期时。实际上对巨大压力的回应相当有益：当我们在处理一个紧急事务，或者在紧张地赶截止日期时，能量的流动和越来越集中的注意力对我们完全不是件坏事。

　　但是，当巨大压力变为长期压力时，问题来了。比如同时有五件不同的紧急事情都要引起我们的注意时，我们会变得不知所措，而且无法集中精力。由于持续在紧急状态模式下能量被耗尽，我们就会感到精疲力竭。如果消化和免疫系统关闭的时间过长，我们的健康就会受到损害。作为人类，我们可能再也不会被狮子追上，但是疲劳会打败我们。

　　答案不是逃避压力，正如罗伯·阿彻所解释的：

　　　　"如果我关心某件事，我会因此而有压力。逃避生活的压力就忽略了生活的意义。我们要做的是确保我们所承受的压力是用于服务我们关心的事物——并且我们要筹划怎么使用和恢复我们的精力。"

　　斯坦福大学心理学家凯莉·麦格尼格尔（Kelly McGonigal）也建议，我们怎样看待自身的压力也会改变压力对我们健康的影响。一项研究表明，承受很多压力并相信压力有损于健康的人，其死亡风险增加了43%。承受很多压力但不觉得压力有害的人，在所有研究对象中死亡率最低，包括那些压力相对较小的人。

在TED演讲"怎样把压力变成你的朋友"中，凯莉·麦格尼格尔提道："改变对压力的看法，可以改变身体对压力的反应。"

她建议把压力反应当作给身体充电，并让你做好准备迎接挑战的一个信号，我脑海中出现的图像是一个田径运动员准备开始赛跑。

对压力的急性反应之一是心率加快，呼吸加速，以把更多氧气输送到大脑。在典型的压力反应中，当心率加快时血管收缩，这是长期压力和心血管疾病有关联的原因之一。然而，麦格尼格尔发现，当参与者认为压力反应对他们的表演有帮助时，他们就不会那么焦虑并更有信心。他们的心脏仍然砰砰跳动，但血管却保持松弛："这种反应看上去确实非常像处于快乐和勇敢时发生的事情"。

如果你选择以不同视角看待它，你会如何利用压力所产生的能量？

你的感受想告诉你什么？

确认并挑战我们的感受是有益的。曾有位朋友对我说：

"好几次我都需要提醒自己：这只是因为我情绪糟糕，并不意味着我的生活不好。"有时候，不过快排遣自己的感受或者快速消除负面情绪，而是深挖自责和压力的情绪要传达给你什么，这个方式是有用的。

压力、自责和沮丧是我们的价值观、信仰和期望之间失去平衡的信号。有时候，这些期望是不切实际的（我必须对所有人做所有事情，并要把所有事情都做好），它将导致持续的自责而让我们感觉很糟糕。当然如果能用感受来帮助我们找到自己想改变的东西，那么感受也是有用的。

1. 确认你的感受。是什么想法、忧虑或害怕产生了这种自责、压力、沮丧的感受？这种感受的背后是什么？你认为在这种情况下哪些是事实？

2. 挑战你的想法。问问自己，你的潜在信念都是真实的吗？那些认为电子邮件需要马上回复、你的老板故意找你茬，或者每个不和孩子在一起的时刻都是忽略他们的潜在信念，都是真的吗？有时候我们的感觉会来自潜在的信念，这些信念部分是过去的真相，部分纯粹只是想象。

3. 弄清什么是重要的。与其专注于害怕或者担心本身，不如找到你觉得受到了威胁的是什么？找到最重要的，这样你就能集中精力改变自己，坚定地做你想要做的事情，而不是关注你不想做的事情。

4. 改变你的观念。换个角度看呢？还有什么事正在发生或者进展顺利？你看到的是什么？是繁忙的日程安排，还是充满机遇的一周？是压力还是把工作做到最好的机会？是让人头疼的突发状况还是一个惊喜？是失败还是学习的机会？是一扇关上的门还是崭新的开始？是喧嚣还是丰富的信息？这是观念的问题。你看到的东西塑造你的世界，而且决定你将如何在这样的世界中生活。

5. 选择你的回应。你能做什么不同的事？你能做什么正面的改变？你能采取什么行动帮助你坚守重要的事？

重新享受美好

有时，追求成就和伟大会让我们感到能力不足、精疲力竭，兴奋不起来。有时候，我们为得到更多而忘记去享受已经拥有的美好事物。

艾文·麦玛努斯（Erwin McManus）在《工匠之魂》（*The Artisan Soul*）中写道：

> "谈及美好（good）和伟大（great）这两个词时，我们常常会犯一个错误，那就是认为美好不如伟大，就好像'好'比不上'更好'一样，美好成了平庸的代名词。但实际上，这两者是完全不同的。伟大是执行和成就，美好是本质和信念。艺术家渴望做出伟大的作品，但是他们从不会忽视美好，而是从美好、美丽的事物中获取灵感。"

通常我们会把效率和伟大联系起来——做更多的事，实现目标，做得更多更好，但我认为真正的效率也和美好有关。这是关于做好工作，做出色的工作，做满意的工作。高效也是指过美好的生活——你接受现状，满意现状，但是又不懈努力、追求上进。探索、思考（包括漫步）、提出问题与成就、拼搏、找到答案一样有价值。

牛刀小试

自责让我分了多少心，削弱了我多少能力或者让我的时间贬值了多少？

如果我从满足开始，我会有多么不同？比如我拥有的足够多，做得足够多，我足够好。

如果有时间，我一整天想做什么？

我最引以为傲的是什么？

我该好好花时间在什么事情上？

我最近的一些奇妙时刻或者奇妙经历是：

我计划去争取和创造更多的是：

什么会让我产生压力？这对于我关心的事物有帮助吗？

我如何运用压力所产生出来的能量？什么时候压力能对我有用处？

当我处于应急状态时，我是集中精力于一个紧急状况还是多个？

关于恢复，我可以采取怎样的策略？我给自己充电时间了吗？

当我感到有压力时，我选择：

我对好工作的定义是：

第十章

齐头并进的绝技

生活总是一团乱麻又复杂。我们不仅仅想要在工作中控制更多东西，过得更充实和更有效率，在生活的方方面面——家庭生活、家、个人目标、社团项目、义务工作、兴趣爱好和社会生活，亦是如此。不同的角色，不同的项目，还有工作、个人生活中亟待处理的事，它们可不会乖乖排成一队等着我们去处理（虽然这是理想的）。

你能同时做几件事或者把工作细分吗？你都亲力亲为还是求助于人？同时做几件事情其实是我们力所能及的，所以来看看怎样才能同时处理所有对你重要的事。

多重任务处理：奇妙还是迷思？

关于处理多重任务，有一些人喜欢，有一些人讨厌。考虑到我们同时扮演的多个角色，同时担负的多重责任、义务和多个项目，有人认为这是必须的。但多重任务处理真的管用吗？

首先，多重任务处理并非真正处理多个任务。当我们想同时操作两个任务时，我们真正在做的是切换，以及在任务之间快速地重新聚焦。我们觉得这样做可能有效，其实每次切换都会耗费我们的时间、注意力和效率——有时候只有1/10秒，有时候更多一些。（记得微软的实验吗？1分钟的间歇＝平均15分钟的恢复？）尤其是当我们在任务之间反复切换时。研究表明，因在任务之间切换造成的短暂的大脑阻断甚至会花费你有效时间的40%。

在推特上看到的一些东西常让我觉得："我的脑子里有太多标签页！"每次我在谈话或在研讨班中提起，就会看到大家眼睛里闪烁着光芒，兴奋地点头："是的，我也是这样觉得。"当我们在电脑上打开很多的任务标签时，会发生什么？它会让我们慢下来、卡顿或者停止工作。当我们在任务标签之间点击时，也很容易分散精力——偶然按错标签，或是任何光亮的东西都会吸引我们的眼球，最后忘了主要的事。可能你曾在一天结束时关闭标签和windows时，却发现你忘了早上要做的第一件事是转发一封邮件。

当我们做多重任务时会很容易犯错。几年前，我在写圣诞贺卡时，我的孩子凯瑟琳非常兴奋，她用只有3岁孩子才有的始终如一的热情，精力满满地反复大声问我："妈妈，到圣诞节了没？""妈妈，到圣诞节了没？""妈妈，到圣诞节了没？"我发现自己在卡片上签下："爱你们，格兰特、格蕾丝、奥利弗和圣诞节"。写圣诞卡片不是件难事啊！但是当你的注意力在不同事情之间切换时，就会很容易出错。

你曾把电子邮件发错过人吗？或者更糟糕，发给了被谈论的这个人，而不是想要和他谈的人？一个和我共事的研讨班代表曾经用"嗯……我们别谈这个了"做了回应。哎呀，老天！

迄今为止我遇到的最糟糕的多任务处理差错是托玛兹·帕兹卡沃斯基（Tomasz Paczkowski）的案例。一个男人想证明给妻子看，他能处理多项任务，他可以一边熨衣服，一边看电视还能一边喝啤酒。一开始一切都好，直到他被电视节目深深吸引，而此时电话铃声响起，他拿起熨斗，放到自己耳边。哎哟！看吧，多任务处理对你的健康和效率都有害。

如果你在早餐时间到我屋子里来，比如就多任务处理的必要性说服我，相信我，麻烦很快就来了——一杯酒，一次口角，孩子突然想起那天他应该穿蓝色的衣服——马上，面包烤糊了，洗碗机清洁块放进了咖啡杯。所以，有时候这个世界没有构建有序的队列来等待我们全部的注意力，我们偶尔的确不得不处理多个任务。但我们应该清楚地认识到，当你的注意力分散时，你最集中的注意力就不再放在任何事物上。就像杂耍抛接球，你得给自己一个间歇，而不是再把更多的球抛出去，除非你必须这么做。

有没有适合多重任务的时间？

好几次我发现把注意力分散是非常有用的。跑步时，我喜欢听播客或者聊天，因为这可以帮助我把注意力分散，不去想腿疼这件事。我最近在和一个朋友跑步，我们发现在健身的同时拉拉家常、闲聊一会是一种不错的锻炼方法。这样不用喝咖啡、吃蛋糕，既省钱又减肥。另外，当你知道有人会在 7 点准时叩你家门喊你去跑步时，你总不能不去吧。这也是一个额外的好处。

其他一石二鸟的方法包括：

- 一边散步一边开会。
- 早餐或中餐会议（但不要放弃你中间的所有休息时间！）。
- 安排与某人在活动时或者活动前后见面，以减少旅行奔波。
- 一起坐车或者一起去参加活动。
- 在火车上看书。
- 在上下班途中听音频书。
- 在跑步机上跑步时看视频（只有在跑步机上可以这么做；在马路上可不行！）。
- 记录一段谈话并转写成一篇小文章。
- 沐浴时做一些思考——拿着便捷使用的蜡笔，捕捉任何绝妙的想法（我的一个朋友用眼线笔写在瓷砖上，但我觉得眼线笔实在太贵了）。

● 把家务以活动的方式分给孩子们（只有我在做吗？）。

● 把杂事分批处理，这样就可以把差事一起完成（例如：为工作买邮票，同时给妈妈买生日卡片；在 eBay 上发布你出售东西，同时给最近的客户寄样品）。

● 当大家都有孩子要照看时，把商务会议放在游乐场所——我并不推荐在所有场合都这么干。我曾在孩子们玩耍的房间里举办儿童友好网络会议。还有一次当我们的孩子在海滩尽情嬉戏时，我在那里为一个客户开设指导课程，真是一举两得！

细分：听上去有用，其实呢？

我的天性就是想要承担很多，努力尝试，而且想同时做很多事情，而我丈夫则反其道而行之。他有自己的方式，他会把生活恰到好处地细分到独立的区间：家庭、工作、学习、朋友、房子、健康（或许小玩意也有其位置）。在这些区域里，所有事物都有其位置和处理的时间，且彼此之间相互平衡。在任何时间，他都知道他该处于什么立场，需要运用什么方式或者扮演什么角色，以及他的优势、精力应该放在哪里。

不幸的是，对他来说，生活也不真的那样进行着。今年我们决定让他申请休假。这样，他能够用全职时间取得硕士学位，因为我们知道尝试同时处理多个任务对他来说完全是地狱般的生活：兼职学习、全职工作，还要完成家庭责任。即便如此，他依旧发现很难做到边学习边完成家务。

他不仅仅是把时间花在课堂上，还花在阅读、研究、写论文和做项目上，这些任务都需要在休息时间内完成。甚至当孩子们在学校读书而我在拼命工作的时候，他依旧不能完全切断来自家庭的影响，让自己埋头学习，因为精神上随时准备着接听可能从学校打来的电话。

有时候生活比我们想要的糟糕。孩子生病了，全球会议来电话了，出差或者一个工作危机可能要求你在正常工作时间之余外出。我们生活中的不同区域相互穿插并重叠，有时候是件好事：工作上联络的人正好是孩子学校的校长，或者把为人父母的经验用到商业谈判上面。

当我们生活中的不同方面和谐相处时，它们彼此间会相互提升。做精通的事，在工作上情绪饱满或有的放矢，能让我成为更好的父母。为人父母后，我的效率更是突飞猛进。安妮-玛丽·斯洛特（Anne-Marie Slaughter）在她的 TED 演讲中说：

> "当家庭第一时，工作也不能放在第二位。生活要在各个方面齐头并进。"

我常在研讨班上被问到，在工作和家庭生活上是否要分区建立工作记事簿、待办事项清单和"第二大脑"（用于记录想法）系统。我的回答是：我们用同一个大脑去处理工作和家庭事务。所以工作的时候，脑中出现与家里有关的想法、催促和提醒是很自然的；反过来也一样。我们可能会放下工作去处理家事，也可能不会，但如果它在我回家前一直萦绕在脑海中，那我们在工作时它会占据大脑更多的空间。有时候家务事恰恰可能在工作日处理更为简单——例如：需要在工作时间打热线电话，或问问同事他带儿子去哪里玩板球。况且，有时在工作中也可能出现家务事——例如：有时别人预约了我的研讨班，我需要出差，那么我就要安排人照顾孩子，并和我丈夫商量家务事。运用我的第二大脑，然后把它放在我的"@家"或"@老公"栏目下面，这样我就能把事情先放一放，晚些时候再在合适的情况下处理它。

全做了还是尽力而为？

拥有一切并全部做完的秘诀在于"全部"这个词。

"全部"在这里是完美主义的表现。初为人母，我的母性理念是我认识并钦佩的所有母亲身上最好特性的集合。有的母亲是令人惊叹的厨师，有的母亲有圣人般的耐心，有的母亲非常有条理，有的母亲看上去美丽动人，有的母亲事业干得很好，有的母亲能陪孩子连续玩上几小时……我试图做到所有这些事情，甚至做得更好——一个人注定做不到，难怪我从没达到预期的标准。

同样，我们很容易看到有很多企业成功，看到三百六十行行行出状元——有些人拥有创造天赋；有些人直觉极强并能准确把握时机；有些人有超强的推销能力；有些人对数字很敏感，有些人是自信的演讲者；有些人是多产的作家；有些人是技术方面的专家和战略策划者。

我们扮演的每个角色可能都有巨大、潜在的辐射范围——想想不同类型的医生。你能想象一位医生是所有科室的专家，并且包治百病吗？没有定义时，所有定义都能用，我们会发现自己在尝试去满足一个广泛的期望。很多领域会让我们感到无所适从。

拥有一切并不意味着你无所不能。做你自己就好，做到你的最好就好——无论在什么情形下。不要做万金油，什么都干。要高效，你就得有所为，有所不为。

扮演着多种角色的你究竟是谁？是什么造就了你？你在扮演你的角色时，会演得如何与其他人不同？第七章中阐述的关于你的优势和爱好，第一章中谈到的你的价值，你记起来了吗？用这些直觉去帮助塑造你"最好"的样子。

明确你的一切角色

如果我们想要在多个舞台上担任多个角色，我们需要经过深思熟虑后再选择自己的角色——不是对其他人、对我们的前辈而言，而是对我们个人而言。不是它一直看上去怎样，也不是其他人希望它看上去怎样。或者它应该看上去怎样。是时候挑战陈规和现有假设，并重新定义你的角色了。

正如专注于某个领域能让一个企业的目标更明确、更有特色、更能盈利，明确你的角色也将令你集中精力、大放异彩，而不是涉猎很广却仅仅点到为止；令你感到满足并充实，而不是穿不合脚的鞋，感觉永远不合适。

这里有一个 10 分钟的练习，可以用来明确你的角色。

在一张纸上，画一个 3 行 3 列的表格。在每个格子里，写下你扮演的一个角色，例如：丈夫、会计、作家、父亲。

现在，想象一下你在自己的葬礼上，你身边重要的人起身致辞，谈论你的每个角色。如果这个场景太恐怖，那就想象你是墙上一只苍蝇，正在聚会上偷听别人在背后说你的好话。你想让他们说你什么呢？什么话对你是最有意义的恭维？

回到那张纸，在每个格子里，在每个角色下，写下这样的字："我是……"，并把当前你想在角色中成为怎样的人，用最准确的字眼填写进去。在填写每个角色的内容时，给自己几秒钟的时间，选择在你脑海中出现的最快、最有力的词汇。凭直觉去写，这样练习效果最好。

母亲 我是……	妻子 我是……	老板 我是……
作家	演讲者	跑步运动员
音乐家	朋友	女儿

回忆你已写下的内容，思考以下问题：

● 什么时候我最喜欢这个？什么时候我最不喜欢这个？

● 根据我写下的内容，想一下成功应该是什么样的？

● 为了更自由地去追求这个角色，我该放弃哪些期待、任务，在哪些方面不再忍耐？

● 什么对我真正重要？什么对我没这么重要？

● 我只能做什么？什么事可以委托给别人、再商议或者放下不管？

● 我需要在这个时期把精力集中在什么事物上？

用饼状图定义角色

这是另外一个更深入的练习，我一般把这个练习用在那些同时担任多个角色的客户身上。

1. 在生活中，你的不同角色是什么？（选择 8 个）

一些角色可能是和工作相关的，例如：会计、培训人员或者商务主管。一些角色可能和个人关系相关，例如：朋友、家庭成员、伙伴。一些角色可能和兴趣、爱好或者个人发展目标相关，例如：跑步运动员、歌手、演讲者或厨师，把这些都列下来。

确定这 8 个角色中有 1 个角色是"自我"——你要成为自我的教练以及守护者。

在这 8 个角色中，有没有 1 个是你幻想的角色？有没有一些事情你一直想要去做？举个例子：汽车拉力赛车手、企业主或小说家。

你只能同时扮演 8 个角色，所以如果你的角色多于 8个，你可以尝试合并成某一个，例如：姐姐、堂姐、女儿可以合并为家庭成员。

1. 我（自己的教练／守护者）

2. _____

3. _____

4. _____

5. _____

6. _____

7. _____

8. _____

确定好 8 个角色后，在下面的饼图中把它们写下来，每个角色占据这个圆圈的八分之一。

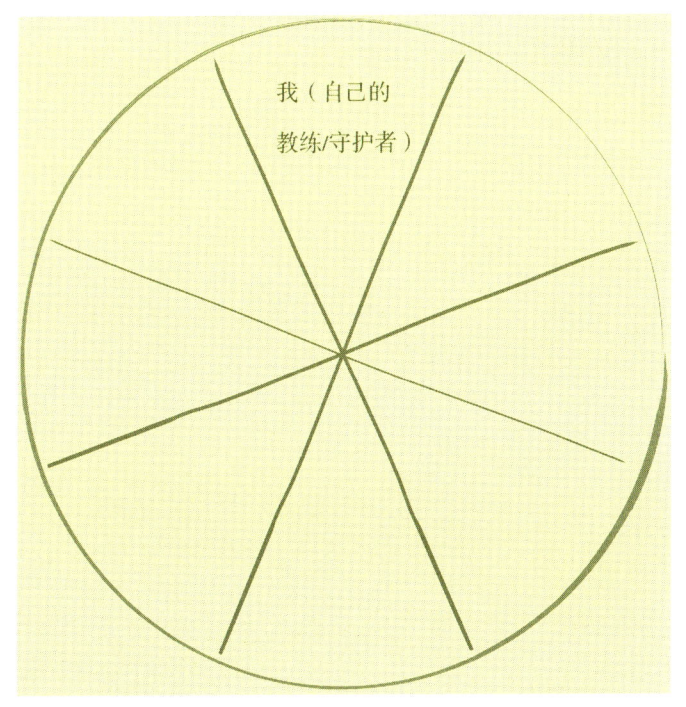

我（自己的
教练/守护者）

2. **现状如何？**

根据你每个角色目前的扮演情况，在 1~10 分的范围内给自己打分。打分时，不和其他人的标准和期望进行比较，但要根据你自己对成功的定义进行打分。

3. 成功是什么样子的？

对你扮演的每个角色，得到 10 分应该是什么样的？你想得到什么？为什么这对你来说是重要的？

4. 如何给自己设定前进一小步的标准？

（例如：从 3 分到 4 分，或者从 7 分到 8 分）

5. 目前这个时期，你最主要的角色是什么？你想要特别关注什么？

有时，一个角色可能是主角，其他的角色可能退居幕后——它们依旧重要，但也许你对这些领域的关注，更多的是让它们慢慢积累，而不是全速运行。例如追求晋升 CEO、准备一场婚礼、为第一场马拉松进行训练，这全都是值得追求的目标，但可能不是你想同时追求的。什么是现在最重要的？

求助

有句格言真的惹恼我了：

"万事靠自己。"

我知道，这句话本来是鼓励人的——采取行动和承担责任，去驾驭并对自己的生活负责。但是，这句话也通常被解释成：

"你自己来，你只能靠自己。"

当你面对挑战，当事情进展不顺利时；当你不知所措、有太多主意或者没主意、一叶障目时；当你失去了你的个人魅力，当你感觉很糟糕，当你苛求自己时；当你记不得自己是谁，准备放弃你的目标时；当你像一只无头苍蝇一样蹿来蹿去或者卡在某件事情上时，你都只能靠自己？

不去寻求帮助，不去与人合作，不给朋友打电话。

你只能靠自己，你得自己想。

对，是否采取行动由你决定——迈出你的一小步，在信念上是个大的飞跃，跳出舒适区去成长，并帮你做出改变。自给自足是一件美妙的事情，但我喜欢有丰富的资源。

有丰富的资源意味着你不必凡事亲力亲为，你不必擅长所有事。你可以在某些事物上才华横溢，而对其他事物一无所知——你可以选择把自己的精力投入某些事物上。你知道你自己是谁，你不是谁，并且你认同这一点。

你不是超人——这是件好事。丰富的资源意味着你可向他人求助，并向他人学习。你在自己周围建立了一个超级明星支持团队。你和那些能让你发挥自己长处的人在一起工作。

"单丝不成线，独木不成林。"

H. E. 鲁克可（H. E. Luccock）卫理公会的牧师

没有人是一座孤岛。这些年来，有很多时候我不得不克服自己，向他人求助。最后证明，每次都是一种祝福——不仅仅对于我，还有那些帮助我的人。承认自己不是万能的，脱离不切实际的超人幻想，敞开心扉求助于人并接受帮助，这是一件非常美好和人性化的事情。我真的相信，作为人类，我们生来就是一个共同体。甲之砒霜乙之蜜糖。当我们从一件事里跳脱出来，让其他人全情投入他们的高光时刻，去做他们想要做的，热爱做的，以及最擅长的事情，这无论从哪方面来讲都是好事。当我们允许自己需要别人的时候，我们就可能取长补短。

在哪些地方，你需要寻求帮助？

挑战你的既定人设

最近，有篇文章引起了我的注意。文章的第一行问道"你是父母中承担责任的既定一方吗？"，接着写道"如果你还得考虑的话，那你就不是。如果是的话，你马上就会知道这一点的。相信我。"如果你是一位"既定父母"，那它就以幽默而又略带阴郁的口吻描述了你所关注、思考以及所要负责的所有事情。

当然，在读到书中某些部分时，我会疯狂点头并笑出声，但我也意识到有时我并不是一个既定会负责的母亲。比如说，早上起床的第一件事。如果我女儿比我先醒来（她经常比我先醒），她一定会来找爸爸，因为爸爸是早起的那个人。这时候爸爸往往是醒着的或者在她进来后就会醒，她知道爸爸更容易满足她的早餐请求或者帮她调电视，而妈妈只会晕晕乎乎、慢腾腾地说"等一分钟"，"现在不行"，"回到床上去睡觉"。

同样地，我也不是那种可以在洗澡时完成多项任务的母亲。我明目张胆地无视我的孩子们，他们已经明白在妈妈洗完澡前不会得到合理的回应。孩子们会去找最有可能给他们有利回应的一方。做热巧克力和分发糖果的时候，爸爸是既定来做这些事的人。爸爸会用有趣的声音念睡前故事。但是，抓蜘蛛、把衣服和抽屉进行分类就是我来做了，我是既定负责安慰孩子的那一方。说到吃什么茶点，当然也肯定是我来负责了。

什么时候你才是既定负责的那一方——工作的时候还是在家里的时候？以下是一些常见的例子：

既定的智囊：知道所有事情、认识所有人的这类人。人们在搜谷歌、查维基百科、查询内部网或者询问负责回答这个问题的人之前，会先问他们。

既定的解决者：天生的问题解决者。当事情发生时，他是人们寻找的第一个人。即使事情完全不在这类人的工作范围之内，人们还是会问他们"你能看一下这个吗？"。

既定的组织者：当你去咖啡馆迟到的时候，这类人已经点好了饮料。他可能已经提前打过电话，预定了角落里的那张桌子，并为不能食用乳制品的人打探清楚了是否有豆奶。其他人都会问他们"今天的计划是什么？"。

既定的决策者：人们会把邮件抄送给他们问"你怎么看？"，他们会受邀参加会议，"因为我们重视你的意见"。

既定的紧急情况救火队员：任何时候你都可以在最后一分钟找到他、依靠他，他会立即采取行动。

既定的顾问：当人们需要一个可以依靠的肩膀或者找一个可以倾诉的参谋，他们会求助的第一个人。这个人知道办公室里所有的分分合合，知道谁去了多少次医院，还知道谁的孩子正在长牙。

既定的完善者：最近跟我一起工作的一个人说，她的完美主义在团队非常出名，她安排别人做事，但当别人交给她的时候会说："还没有弄好，但我知道你一定会检查并把它弄好的。"

我们选择自己的既定项，尽管它给我们的感觉完全是相反的：有时候是故意的，因为事实上，我们很喜欢成为那个人（我真的不怎么害怕蜘蛛，而且我也很喜欢做饭）；有时候是因为我们曾经做过的决定，当它已经成为过去，我们也就不再质疑它了；还有一些时候，我们只是养成了习惯。

时不时地回顾一下我们的既定项，想想它们对我们产生的效果有多好。例如，我丈夫是全日制硕士生，而我是晚上回来带培根的那个人，那么我是不是也应该自觉去做培根呢？事实上，我喜欢做饭，所以，除非我真的不能亲自去做，一般我倾向于承担这份责任。但如果我开始埋怨这一点，那我就应该去做出改变。

如何不再成为既定的那个人——如果你选择这样做的话？

1. 让自己变得不太有空帮忙。人们总是会既定选择最快或最简单的路线，所以如果找你更难，那么所有其他的选择就会变得更有吸引力。延迟回应，不要再那么随和，要时不时地拒绝。为他们指出正确的方向，即使要花的时间与给他们答案或者直接帮他们做相比差不多。鼓励他们采取另一种方法去寻找答案。

2. 移交责任。我有一个可怕的习惯，就是非常优柔寡断。有时候，我又感觉内疚，去问别人的意见仅仅只是为了确认，从本质上讲就是让别人为我做决定。首席忍者格雷厄姆之前就说过我这一点，他问我："为什么要跟我确认？"其他时候，他都是转过身来，对我说："你来决定。我相信你。"没错，在相同的时间内，他可以替我做决定，但这样做他可以训练我，让我不再把他当作拐杖，而是习惯自己做出决定。

3. 学习需要时间，接受这一点。我的丈夫是个很棒的厨师，但在过去 12 年里，他一直都不是那个每天围着厨房转的人。所以他当然需要时间去学习，去适应。他可能跟我做的方式也不一样。他需要找到自己做事情的方式，而我也应该让他可以这么做。这也是我学习的过程。事实上，当我最后把厨房交给他负责时，他说道："只要你不干涉，我就干！"不要有任何反馈或者帮助，不要说"让我展示给你看"。这是我学到的。

4. 放手吧。除了放开控制，我还需要不再做那个既定的负责人。我有一点点喜欢成为既定的负责人，被别人需要和要求。老实说，最难放手的部分可能是我的自我价值感。我清楚地记得，有一天我坐在楼上写这本书，我丈夫在做我会做的一个拿手菜，用来喝茶的时候吃。我意识到此刻我可以选择觉得自己多余或是抓住这个机会写作——被人需要是多么诱人，这点让人害怕。

"离开厨房，享受每一刻！"脸书上的一个朋友这样提醒我。

你需要避开哪些既定事物，才能更充分地享受你所做的事情？

同时应对的艺术

不久前，我上了一个杂技速成班。不知怎么回事我就被拉去帮助一些孩子学习，而学习马戏团技能是我必须要做的事情。有趣的是，我非常不擅长抛接真球、旋转真的盘子！但是我注意到了一件事：即使你在变戏法的时候，也不能同时做所有的事情。

你一次只能移动一个球。在你动下一个球之前，你得先把这一个抛到空中去。先把球扔出去才能接住另一个球。成功的杂耍者不会把所有的球都抛向空中，然后还希望抓住所有的球（即使看起来像是为了达到这种效果）。生活也是如此。如果我试图同时关注所有事，就会一片混乱。我先做完一件事，我就可以放下它，继续做下一件事。我可以让不同的盘子旋转，但是一次只能旋转一个。这就像做一顿烧烤晚餐：你不会把鸡肉烤到完美无缺后才开始削土豆，同样地，你也不会在烤鸡肉的同时削土豆。你一前一后在做几样事情，但是轮流关注不同的事情。

杂耍需要练习。当你第一次开始练习时，你很难兼顾两个东西，但是随着你的练习越来越多，肌肉对这个动作越来越熟悉，你会发现某些动作成了习惯，你已经可以接受更冒险的挑战。你所熟悉的东西需要较少的注意力投入，一旦突破了基础部分就会有进步空间，也不会那么有挫折感。

有些事情你可能闭着眼睛都能做，因为你已经习惯了，但是新的阅历和不熟悉的情况需要时间、注意力和精力去适应。一份新工作、成为父母、进入新的生活季节，或者进入新的领域都伴随着学习过程。每一步都需要注意力。我们每走一步，都在学习。在我们把一切都做对之前，很可能会做错很多次。正如我在早期为人父母时学到的那样，即使我们做对了，再次的改变也会推翻原来正确的方式。但是没有关系：生活就是我们在前进过程中编造的故事。

尝试和失败是你学习的方式。我的一个朋友经营着一个结合马戏团技能和神经学的工作室，他告诉我，尝试和失败会向我们的大脑发出一个信号，告诉它需要创造一条新的途径。正是尝试和失败的过程，让我们能够做到以前做不到的事情。他还告诉我，当你把杂耍球放在身边时，日常练习就变得容易多了。如果你现在觉得有些事情很难开始做，那么什么会让你更容易开始做呢？让它更容易被看到或者看起来更容易做？在你的任务清单上迈出一小步，减少阻碍，还是把文件留着修改？

你永远不可能完全脱离一切。你总能意识到头上有什么——如果突然发生变化，什么会掉下来，或者有人突然丢了一个球给你，为了保持继续运转，你得回过神去。为了保持一切正常，有大量工作要做。玩杂耍需要投入精力，我想这就是代价。对于那些发现自己跨多个领域的人来说，他们得把自己的一部分奉献给艺术和杂耍本身。但我们要确保杂耍不是我们的全部。我们所做的事情必须是有意义的——否则我们就会冒着走过场的风险，为了让所有的球都留在空中而耗尽自己的精力。

不断前进。有一天，我儿子问了我一个绝妙的问题。看到我丈夫把摩托车停在车库里时，他问道："爸爸是如何保持平衡的？"我下意识的答案是：不断前进。你不能在一辆不动的自行车上保持平衡。这就是事实：生活不是一成不变的。它不是一系列科学的、仔细测量的、统一的步骤。它富有表现力、充满激情、充满动感——像舞蹈一样，富有节奏和多样性。

有人告诉我，一旦你进入节奏，杂耍的过程其实是很放松的！它甚至可以作为一种疗法，来缓解压力和焦虑，促进健康和大脑功能。一旦我们找到并确定了自己的节奏，就会兴奋地学习新的技巧，尝试不同的组合。我们变得富有冒险精神，不断尝试我们玩杂耍的方式，因为我们有了一个可以回归的稳定节奏。

实际能握在手里的球是有限度的。不要害怕会不时掉几个球（或者没达到你的标准），尤其是当你学习新东西的时候。尽管马戏团演员在一大堆精彩赛事上表演杂耍时看起来很壮观，但简单和多样也有自己的美感。过山车可能会很刺激也很有趣，但是如果我们一直坐在过山车上，它就会失去吸引力。我不否认结束旋风般的一周后会有些令人兴奋，我想这和极限运动的肾上腺素激增没什么不同。这是一种令人难以置信的生命肯定，即充实地生活，并且意识到我们的能力其实远远超出最初的想象。但是当兴奋变得疲惫，当期待变得恐惧，当活力变得枯竭，当奇妙变得完全混乱，那时候我就知道是时候改变了——丢掉一些东西，简化生活，放慢生活节奏，重新思考和定义充实的生活到底意味着什么。

最近，我在凯茜·马代万（Cathy Madavan）的《挖钻石》（*Digging for Diamonds*）中读到，钻石光彩照人是因为它们有多个刻面。如果钻石切面太多，它就会变钝，并失去光泽。但是如果搭配得当，多个描述面通过减缓光线可以创造光彩。然而，我们经常会将多重角色视为必须加快速度的信号，因为我们有太多事情要做。当我们觉得必须以同样的速度、步伐、深度和广度完成所有的任务时，杂耍就会让人筋疲力尽，就好像这是我们唯一能做的事情一样。当我们可以让自己放慢脚步，适应自己的生活节奏时，杂耍会变成一件美好的事情。

当我们玩得很好时，一切都是分开的，但又相互联系：一件事情会引发另一件事情。当生活不同的面很好地结合在一起时，光线会四处反射，给我们带来光明。正如烤鸡的汁液和烹饪蔬菜的水可以混合在一起做成美味的肉汁一样，当我们生活中的不同角色相互补充而不是相互竞争时，就会有一种凝聚力和流动感，这会让生活变得更加轻松，更加丰富。

牛刀小试

你需要什么来平衡对你来说很重要的事情?

不要再同时处理以下事件:

_____

_____

_____

_____

_____

让我生活中的这些部分结合在一起,互相支持:

_____

_____

_____

_____

当我在做以下事情时,我知道我会竭尽全力:

_____

_____

_____

为了更好地应对，我允许自己这样做

放弃：_____

接受：_____

完全致力于：_____

向他人求助：_____

挑战或者改变：_____

一步一步前进

　　一讨论效率，大部分人都会说："要做的事太多，时间不够。"

　　但是深入来看，我们会发现时间并不是我们的敌人。越与时间斗争，时间越少。如果你觉得时间总是从指缝中溜走，永远不够用，总是在别人身边忙得团团转，总想着自己什么时候能放松一下，总想等着以后闲下来，我想告诉你三个字：

　　慢慢来。

　　原因是这样：当时间不够时，我们就会很赶时间。当我女儿一边想要把脚塞进冬天的靴子里，一边还要站稳，当我儿子急急忙忙地系鞋带，我会说"不要紧，慢慢来"。我们越是匆忙，就越难做好事情，于是我们就会越沮丧，花费的时间就会越长。

　　当时间不够时，我们会退却，会放弃。你是不是经常对自己说，有了时间后我要做什么？休息、睡觉、独处、读书、写作、度假、散步、升级软件、把生意做大、冒险、训练、分配工作、思考、计划、准备、跑步、静下心来……通常，这些我们"以后要做的事情"很有意义，它们能让生活变得更简单，让我们更幸福，也能让时间更有意义。

很多人都在等待着。他们等着把工作做完，等着要求减少，等着不那么忙了就有时间做自己想做的事了。但是从来都没有时间，因为工作是做不完的，永远会有更多的事要做。

当我们时间不够时，就会磨蹭、拖延、分心。我们会找事来做，让自己忘记时钟走动的声音，感觉自己正在做事。然而，如果我们沉浸其中，一步步来，看起来做了很久，实际上可能只有 20 分钟，我们进入了工作状态，做完了事情。

当我们时间不够时，我们会无法专注于当下。如谚语所言，生命的质量不在于长度，而是在于精彩程度。当我们不停地数着每分每秒，就会忘记享受生活。那些快乐无比、傻得出奇的时刻，那些充满欢声笑语和无比平静的时刻，那些暖心的时刻和满足的休憩时刻。这些简单的快乐、疯狂的冒险，都让我们的生活充满意义。我们要慢慢地度过这些时刻。

实际上，我们有时间，而且可以选择怎样安排时间。

最近一位研讨会代表说："如果我选择在周末看工作邮件或者其他让我心烦的东西，我就是选择让邮件毁掉了我的周末。这是我自己的选择，不是其他人的。"令人不快的事实是，如果你永远没有留时间给自己享用，你的其他日程和重要的事情也不会有时间去做，因为你压根没有时间。

我们做出了选择，选择去做某些事，不做另一些事，在一些方面努力，在另外一些方面不努力。时间是我们自己的，如何使用时间、花时间都是我们自己决定的。奇妙的是，当我们不再把时间当作会从身边溜走的东西，当我们开始慢慢来，我们就选择了如何感受时光。

我们改变不了时间，但是可以改变自己感受时间的方式。有时时光飞逝，有时时间却如同蜗牛爬行般缓慢，这跟真正的时间无关，而跟我们的选择有关。我的建议是，我们不要再讨论时间不够的问题了，把它说得似乎是一场席卷而来的海啸，我们非得与其斗争，取得胜利不可。

我们一步一步前进就好。

如果你认为生活主宰了你，而不是你主宰生活，那就慢慢来。你想怎么做就怎么做，你是有掌控权的，真的。

如果你一直在等待完美的时机，它却迟迟未出现，慢慢来吧。时间是你的。对待时间，我们要接受它，跟它一起玩，跟它一起前进，把它变成生活。

如果你正在应对新的问题、身体状态不佳或者有其他难处，你的进展肯定会放慢，这也是可以理解的。你已经做得很好了，再给自己一些空间吧。耐心一些，对自己好一些，慢慢来。生活会变好的。

如果你正在休息，那就好好享受，好好品味每分每秒。不是一秒一秒地去数，而是用时刻来计量。享受每时每刻。

　　　　无论你现在的处境如何，无论你要走怎样的路，我的邀请和建议都是：

　　一步一步前进吧。